EXPLORA

UN CONJUNTO DE MAPAS Y DIAGRAMAS QUE EXPLICAN EL MUNDO

Traductor: Manuel Barroso López

Edición del proyecto Kat Teece
Dirección de arte sénior Charlotte Milner
Edición de arte del proyecto Bettina Myklebust Stovne
Edición Rea Pikula
Diseño Sonny Flynn, Brandie Tully-Scott
Dirección de edición Gemma Farr
Edición de compras sénior James Mitchem
Dirección de edición de arte Diane Peyton Jones
Edición de producción Dragana Puvacic
Control de producción Inderjit Bhullar
Diseño de cubierta Charlotte Milner, Brandie Tully-Scott

Consultoría especializada Sophie Allan, Lisa Burke,
Jonathan Dale, Stephen Haddelsey, Hannah Pritchard

Publicado originalmente en Gran Bretaña en 2024 por
20 Vauxhall Bridge Road, London, SW1V 2SA

Copyright © 2024 Dorling Kindersley Limited
Parte de Penguin Random House
005-338554-Oct/2024
© Traducción en español 2024
Dorling Kindersley Limited

DE LA EDICIÓN EN ESPAÑOL
Servicios editoriales Miguel Ángel Mazón
Traducción Manuel Barroso López
Coordinación de proyecto Marina Alcione Olmos
Dirección editorial Elsa Vicente

ISBN: 978-0-5939-6308-1

Impreso en China

www.dkespañol.com

¡EXPLORA!

UN CONJUNTO DE MAPAS Y DIAGRAMAS QUE EXPLICAN EL MUNDO

Escrito por Lizzie Munsey

Ilustrado por Studio Muti y Kaley McKean

DK

CONTENIDO

¿QUÉ ES UN MAPA?

Los mapas son una manera de capturar el mundo que nos rodea para que podamos explorarlo. Pueden representar cosas enormes o minúsculas, desde el universo entero hasta la posición de las partículas en el interior de un átomo. Muchos mapas nos ayudan a encontrar direcciones y a viajar de un lugar a otro. Las ideas también se pueden representar con mapas, así como algunos procesos o sistemas, cuya comprensión es más fácil. Los mapas son una buena manera de mostrar cómo están dispuestas las distintas partes de las cosas.

La historia de los mapas

Antiguamente, los mapas se utilizaban para bosquejar zonas locales o rutas comerciales. Los cartógrafos se servían de dibujos para mostrar dónde se encontraban los lugares importantes, como los castillos. Con el tiempo, los dibujos fueron reemplazados por símbolos sencillos y los mapas se fueron haciendo gradualmente más precisos.

Para medir las distancias en un mapa se utiliza un compás.

TIPOS DE MAPAS

Los mapas pueden tener diversas presentaciones. Los topográficos muestran una mezcla de características naturales y artificiales, e incluyen carreteras, montañas, bosques y zonas con agua. Los temáticos, por su parte, se centran en un tema concreto, como los patrones meteorológicos, la población e incluso dónde se hablan distintas lenguas.

⑦

❶

BRÚJULA

Una brújula es un instrumento que señala siempre el norte (N) y que muestra en qué dirección están el sur (S), el este (E) y el oeste (O). Los mapas incluyen a menudo una flecha que apunta al norte, de manera que quien utilice una brújula pueda orientarse.

❷

⑧

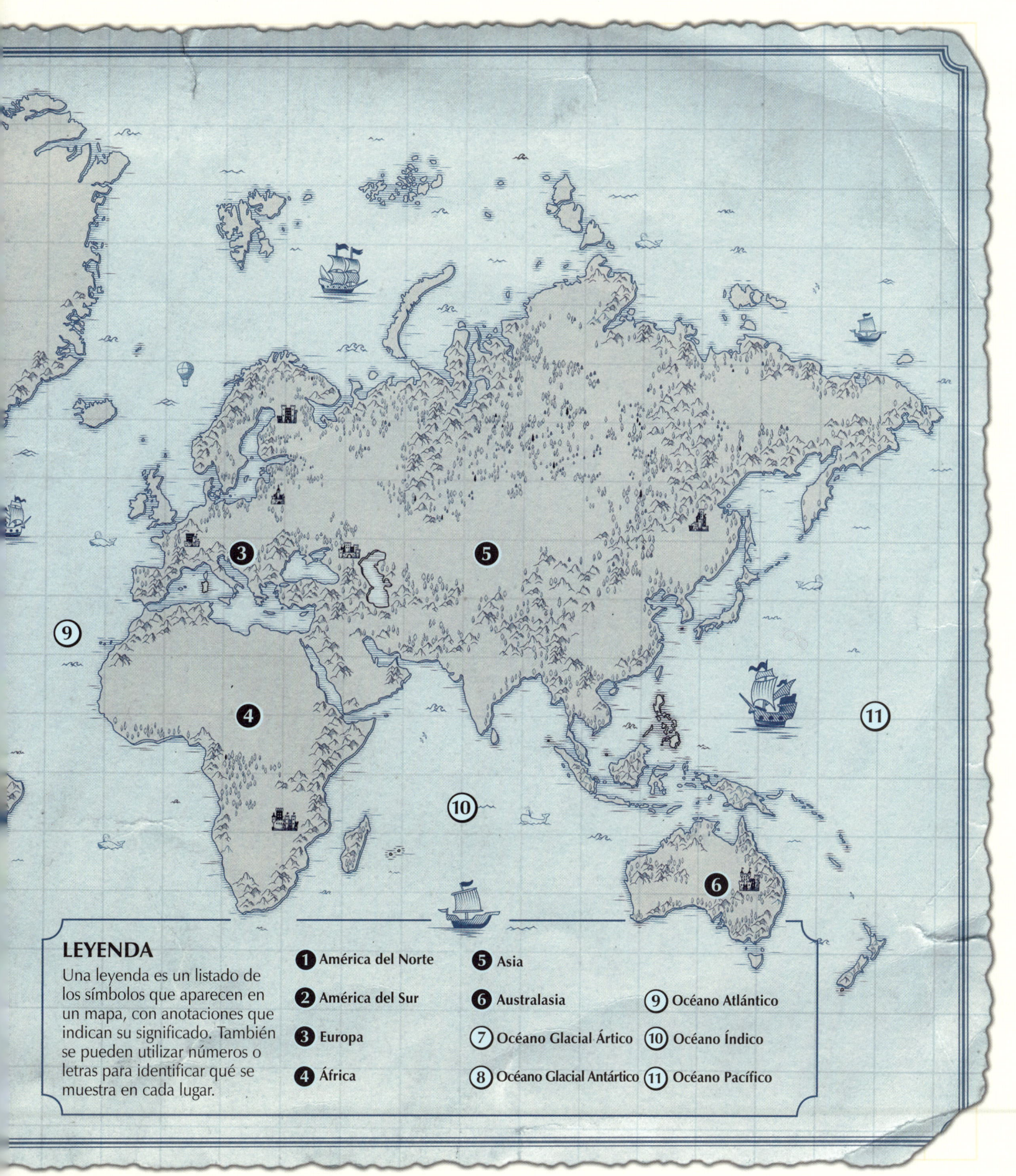

LEYENDA

Una leyenda es un listado de los símbolos que aparecen en un mapa, con anotaciones que indican su significado. También se pueden utilizar números o letras para identificar qué se muestra en cada lugar.

1 América del Norte

2 América del Sur

3 Europa

4 África

5 Asia

6 Australasia

7 Océano Glacial Ártico

8 Océano Glacial Antártico

9 Océano Atlántico

10 Océano Índico

11 Océano Pacífico

CAPÍTULO 1
EL ESPACIO

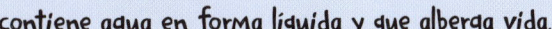

Hubo una época en la que se creía que nuestro planeta era el centro de todo en el espacio, y que el Sol y los demás planetas orbitaban a nuestro alrededor. Hoy en día sabemos que la Tierra orbita alrededor del Sol, y que no somos más que un pequeño planeta rocoso e insignificante entre los miles de millones que hay en el espacio. El Sol también es una estrella entre miles de millones.

El universo se extiende casi de manera infinita más allá de nosotros, y está repleto de objetos mucho más grandes y extraños que nuestro hogar.

Hay inmensos sectores del universo donde no hay nada de nada. Sin embargo, por muy grande que sea el universo, la Tierra es el único planeta conocido que contiene agua en forma líquida y que alberga vida.

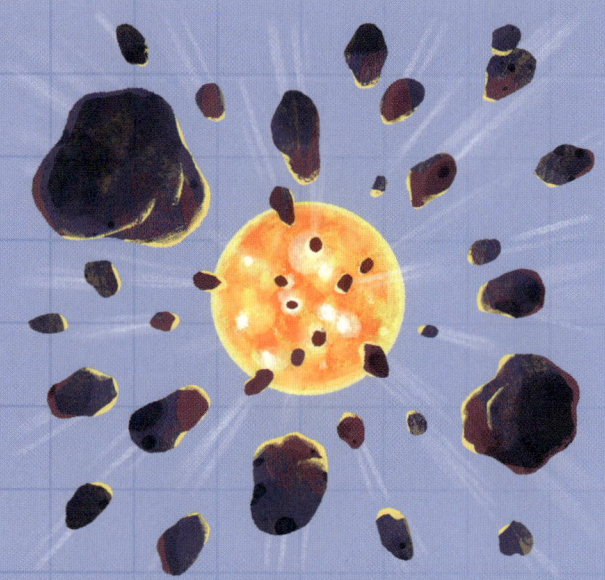

NUESTRO PLANETA

La Tierra puede parecer un sitio normal, pero en el universo es un planeta singular. Hasta ahora, es el único lugar conocido que alberga vida de cualquier tipo. Algo que ha permitido que sobrevivan aquí algunos seres vivos es la atmósfera terrestre: una capa de gases que envuelve el planeta y lo protege de los nocivos rayos solares. Sin esta capa de gas, la superficie de la Tierra estaría tan extremadamente caliente que no se podría sobrevivir en ella.

Cómo se formó la Tierra

Hubo un tiempo en el que la Tierra no era más que una área de gas, rocas y trozos de hielo espacial. Una fuerza llamada gravedad unió todos estos elementos en forma de pequeño planeta. Con el tiempo, aquel pequeño planeta se hizo más grande a medida que impactaban contra él más rocas. Después se enfrió y acabó convirtiéndose en la Tierra que conocemos hoy.

EN EL INTERIOR DE LA TIERRA

La Tierra no es igual por todas partes, ya que se compone de capas. Las del interior están hechas de rocas, de metal o de una mezcla de ambos elementos. Algunas capas son sólidas y otras son líquidas.

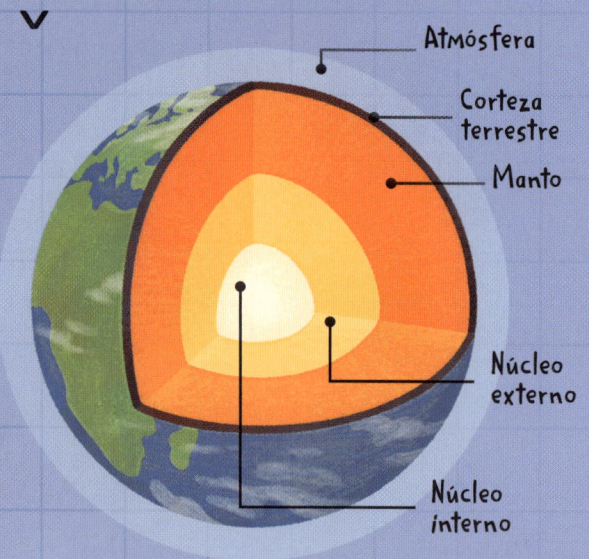

- Atmósfera
- Corteza terrestre
- Manto
- Núcleo externo
- Núcleo interno

PLANETA ACUÁTICO

Hasta la fecha, la Tierra es el único planeta del sistema solar en el que está demostrado que existe agua líquida. Hay agua congelada en otros lugares, y algunas pruebas sugieren que en una época el agua discurría por Marte, aunque ahora está seco.

LA ATMÓSFERA DE LA TIERRA

EXOSFERA
Es la capa más externa de la atmósfera, que se funde con el espacio.

ESTRATOSFERA
En esta sección se encuentra la capa de ozono. Absorbe algunos rayos solares nocivos y protege la Tierra.

TERMOSFERA
Es la última capa completa de la atmósfera antes de que desaparezca. Aquí las temperaturas son muy altas.

TROPOSFERA
En esta capa tiene lugar todo el clima terrestre. Contiene el aire que respiramos y hasta un 80% de los gases de la atmósfera.

MESOSFERA
Aquí las temperaturas son extremadamente frías. Pueden descender hasta unos increíbles –100 °C (–148 °F).

LÍNEA DE KÁRMAN
Esta línea marca dónde comienza el espacio, a 100 km (62 millas) sobre el nivel del mar.

SATÉLITES
Estas máquinas monitorizan la Tierra desde las alturas y pueden enviarnos información.

ESTACIÓN ESPACIAL INTERNACIONAL
Este laboratorio espacial está orbitando continuamente alrededor de la Tierra con varios astronautas a bordo.

AURORAS
Las hermosas auroras en forma de remolino se forman cuando partículas procedentes del Sol entran en contacto con el campo magnético de la Tierra.

METEORITOS
La mayoría de los meteoros arden en la mesosfera y dan lugar a unos destellos luminosos llamados meteoritos.

AVIONES DE REACCIÓN
Grandes aviones que vuelan por la estratosfera, donde no hay fenómenos meteorológicos que los ralenticen.

GLOBO SONDA
Estos globos pueden recopilar información sobre lo que está sucediendo en la atmósfera.

10 000 (6215)
690 (430)
85 (53)
50 (31)
20 (12)
0 KM (0 MILLAS)

Un mapa de la atmósfera terrestre

SATURNO

NEPTUNO

VENUS

JÚPITER

MERCURIO

SOL

TIERRA

URANO

MARTE

TAMAÑOS Y DISTANCIAS

El mapa de arriba no muestra de manera exacta el tamaño de los planetas o la distancia real a la que están del Sol. De hecho, Júpiter es tan grande que todos los demás planetas podrían caber en su interior, y los cuatro planetas más exteriores están mucho más separados que los cuatro más interiores.

SOL

JÚPITER

MERCURIO

VENUS

TIERRA

MARTE

SATURNO

Un mapa del sistema solar

LEYENDA DEL SISTEMA SOLAR

LUNAS
Algunos de los planetas tienen lunas: objetos que orbitan a su alrededor.

PLUTÓN
Es un planeta enano, porque comparte su órbita con otros materiales.

CINTURÓN DE KUIPER
En esta región situada en el extremo del sistema solar hay millones de objetos congelados y rocosos.

CINTURÓN DE ASTEROIDES
Entre Marte y Júpiter hay un anillo que contiene una gran cantidad de rocas espaciales conocidas como asteroides.

BASURA ESPACIAL
La exploración humana del espacio ha sembrado el sistema solar de fragmentos de antiguas naves espaciales y de otros objetos fabricados por el hombre.

COMETA
Estos fragmentos de hielo y polvo dejan a su paso estelas brillantes en el cielo nocturno.

SONDA
Los seres humanos hemos lanzado al espacio estas naves robóticas.

URANO   NEPTUNO

EL SISTEMA SOLAR

La Tierra gira alrededor del Sol, pero no hace este viaje sola. De hecho, el Sol está rodeado de toda una familia de planetas que orbitan de forma constante a su alrededor. Algunos de estos también tienen su propia familia de lunas. Nuestro sistema solar es la conjunción del Sol, los ocho planetas, sus lunas y otros objetos espaciales.

EL NACIMIENTO DEL SISTEMA SOLAR

Nuestro sistema solar nació hace aproximadamente 4600 millones de años, a partir de una nube de gas y polvo. La nube colapsó hacia dentro, se agrupó en fragmentos que dieron lugar al Sol y a un disco de gas que giraba a su alrededor. Posteriormente, el disco se convirtió en los planetas.

LA LUNA

Si examinas la Luna de cerca, comprobarás que su superficie está salpicada de cráteres que son el resultado de la colisión de rocas espaciales. Junto a los cráteres, están los *maria* (plural del latín *mare*) o mares lunares, zonas rocosas más oscuras que se formaron al enfriarse la lava de antiguas erupciones volcánicas. En la Luna también hay indicios de la presencia humana, como los materiales abandonados por las misiones robóticas y tripuladas que hemos enviado a explorar al compañero espacial más cercano que tiene nuestro planeta.

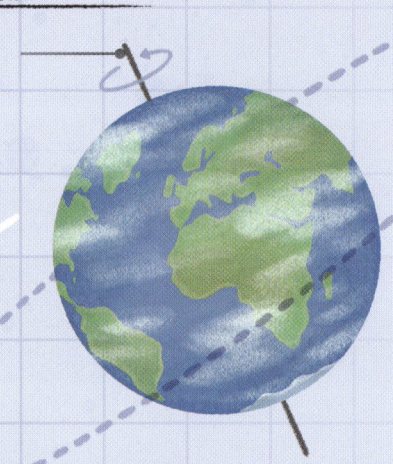

Eje

La traslación de la Luna

La Luna se mueve en continuas órbitas circulares alrededor de la Tierra. Al hacerlo, gira sobre su eje, de manera que en la Tierra siempre vemos la misma cara de la Luna.

LAS MISIONES APOLO

Hasta ahora, las únicas misiones espaciales que han llevado seres humanos a la superficie de la Luna fueron las del programa Apolo, entre 1969 y 1972. Un total de doce hombres caminaron sobre la Luna, entre ellos Buzz Aldrin (en la foto), que fue el segundo hombre en pisarla, después de Neil Armstrong.

En la Luna se conservan huellas de pisadas de antiguas misiones.

◄ LUNA CAMBIANTE

A lo largo de cada mes, la Luna parece cambiar de forma..., pero en realidad no lo hace, sino que . al viajar alrededor de la órbita del Sol, este ilumina distintas partes de su superficie. Se dice que la Luna crece durante la primera mitad del mes y que mengua hacia el final.

FASES DE LA LUNA

| Luna creciente | Cuarto creciente | Creciente gibosa | Luna llena | Menguante gibosa | Cuarto menguante | Luna menguante |

LOS ALUNIZAJES Y OTROS LUGARES DE INTERÉS

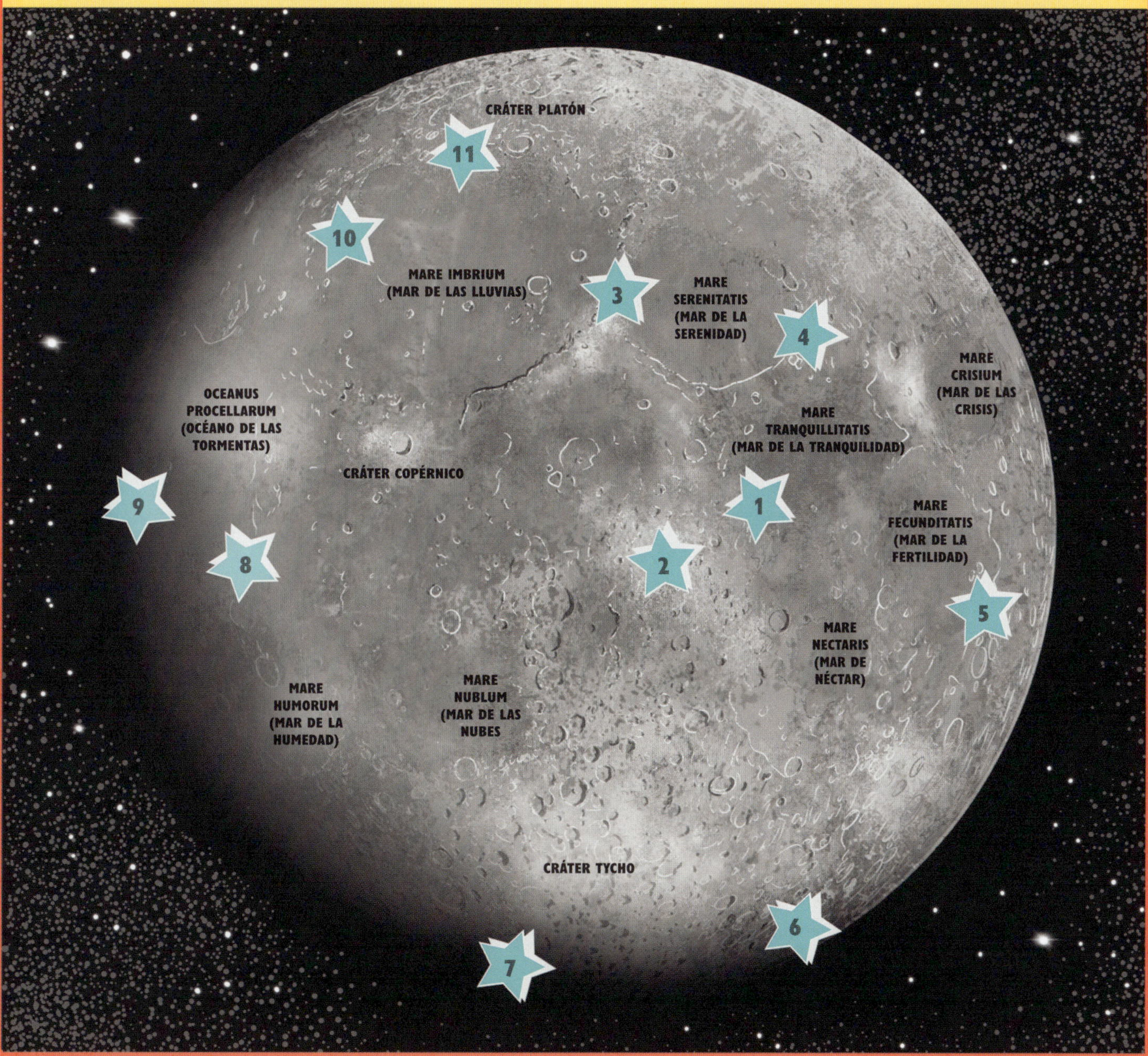

CRÁTER PLATÓN

11

10

MARE IMBRIUM
(MAR DE LAS LLUVIAS)

3

MARE
SERENITATIS
(MAR DE LA
SERENIDAD)

4

MARE
CRISIUM
(MAR DE LAS
CRISIS)

OCEANUS
PROCELLARUM
(OCÉANO DE LAS
TORMENTAS)

MARE
TRANQUILLITATIS
(MAR DE LA TRANQUILIDAD)

CRÁTER COPÉRNICO

9

1

MARE
FECUNDITATIS
(MAR DE LA
FERTILIDAD)

8

2

5

MARE
HUMORUM
(MAR DE LA
HUMEDAD)

MARE
NUBLUM
(MAR DE LAS
NUBES)

MARE
NECTARIS
(MAR DE
NÉCTAR)

CRÁTER TYCHO

6

7

 APOLO 11 – Primera misión tripulada a la Luna, 1969

 APOLO 16 – Quinta misión tripulada a la Luna, 1972

 LUNA 2 – Primera nave espacial que aterriza en la Luna, 1959

4 **APOLO 17** – Última misión lunar Apolo, 1972

 LUNA 16 – Primera nave espacial robótica que regresa a la Tierra con muestras de roca lunar, 1970

 KAGUYA – Misión japonesa para cartografiar la superficie de la Luna que acabó en 2007

 LCROSS – Nave enviada en 2009, parte de una serie de naves que buscaban agua congelada

 SURVEYOR 1 – Primera nave espacial estadounidense que efectuó un alunizaje controlado, 1966

 LUNA 9 – Primera nave espacial en efectuar un alunizaje controlado, 1965

 LUNA 17 – Primera nave espacial en desplegar un vehículo lunar, 1970

 CHANG'E 3 – Misión china para alunizar una sonda y un vehículo robótico, 2013

Un mapa de la Luna

LOS CIELOS DEL NORTE

Las constelaciones son grupos de estrellas que crean formas del tipo «une los puntos». Estas formas, como las de animales y personajes mitológicos, dan su nombre a las constelaciones. Las que se muestran debajo se pueden ver desde el hemisferio norte.

El zodiaco es una lista de trece constelaciones que forma un cinturón alrededor de la Tierra.

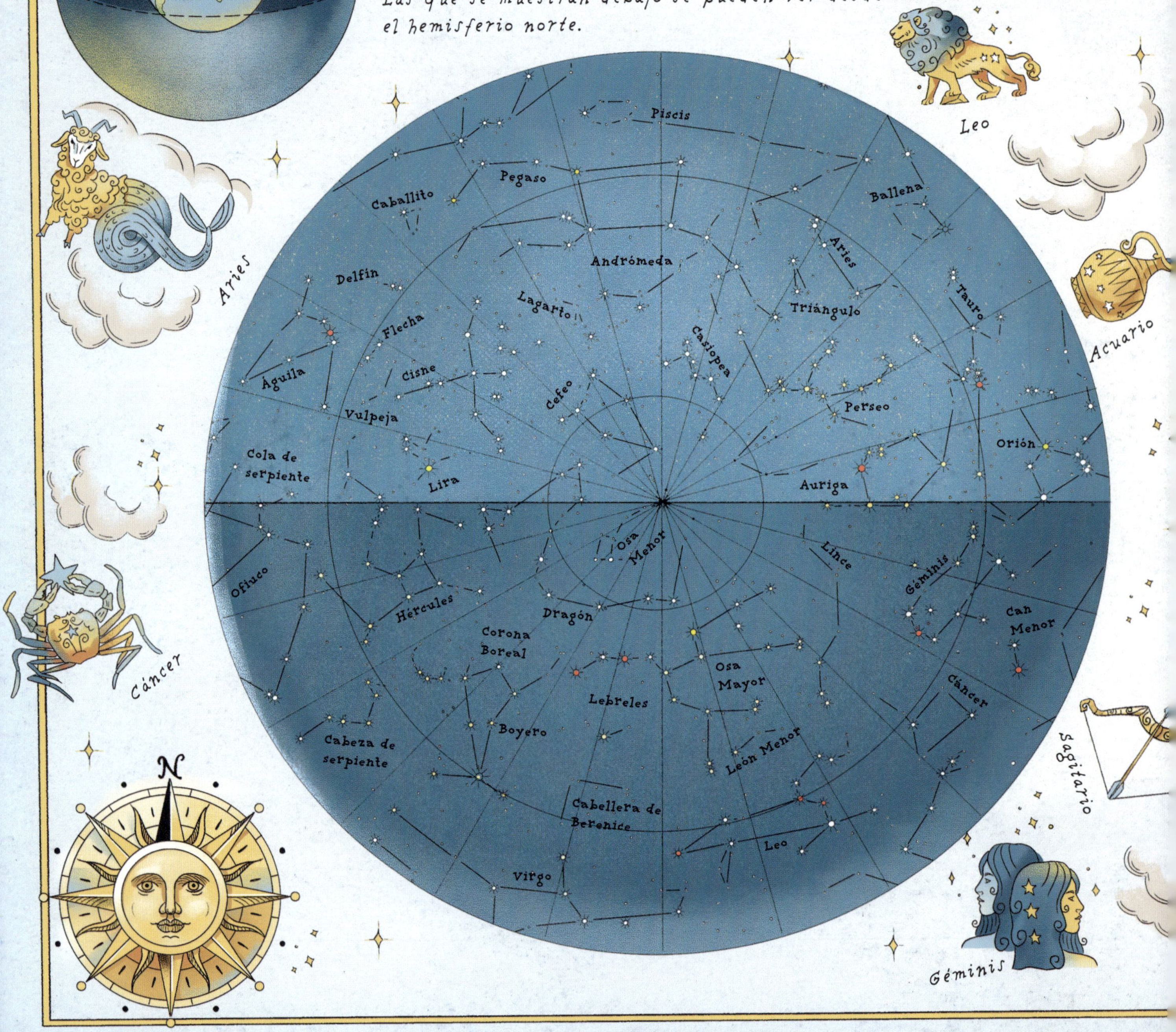

Leo

Aries

Acuario

Cáncer

Sagitario

Piscis
Caballito
Pegaso
Ballena
Delfín
Andrómeda
Aries
Tauro
Lagarto
Triángulo
Flecha
Casiopea
Cisne
Cefeo
Perseo
Aguila
Vulpeja
Orión
Cola de serpiente
Auriga
Lira
Osa Menor
Lince
Ofiuco
Géminis
Hércules
Dragón
Can Menor
Corona Boreal
Cáncer
Osa Mayor
Lebreles
Boyero
León Menor
Cabeza de serpiente
Leo
Cabellera de Berenice
Virgo

Géminis

N

Un mapa de los cielos del norte y del sur

La estrella más cercana, Próxima Centauri, se encuentra a 40 208 000 000 000 km (24 984 000 000 000 millas) de distancia.

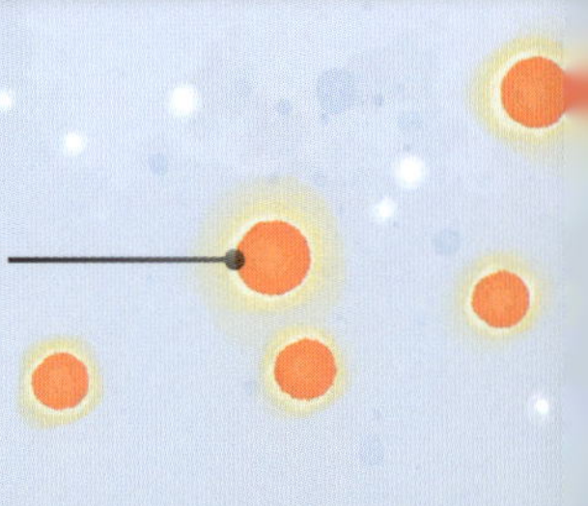

Enana roja

LOS CIELOS DEL SUR

Las constelaciones de debajo pueden verse desde el hemisferio sur. Como la Tierra orbita alrededor del Sol y nuestro punto de vista cambia, parece que las constelaciones de ambos hemisferios se muevan por el cielo.

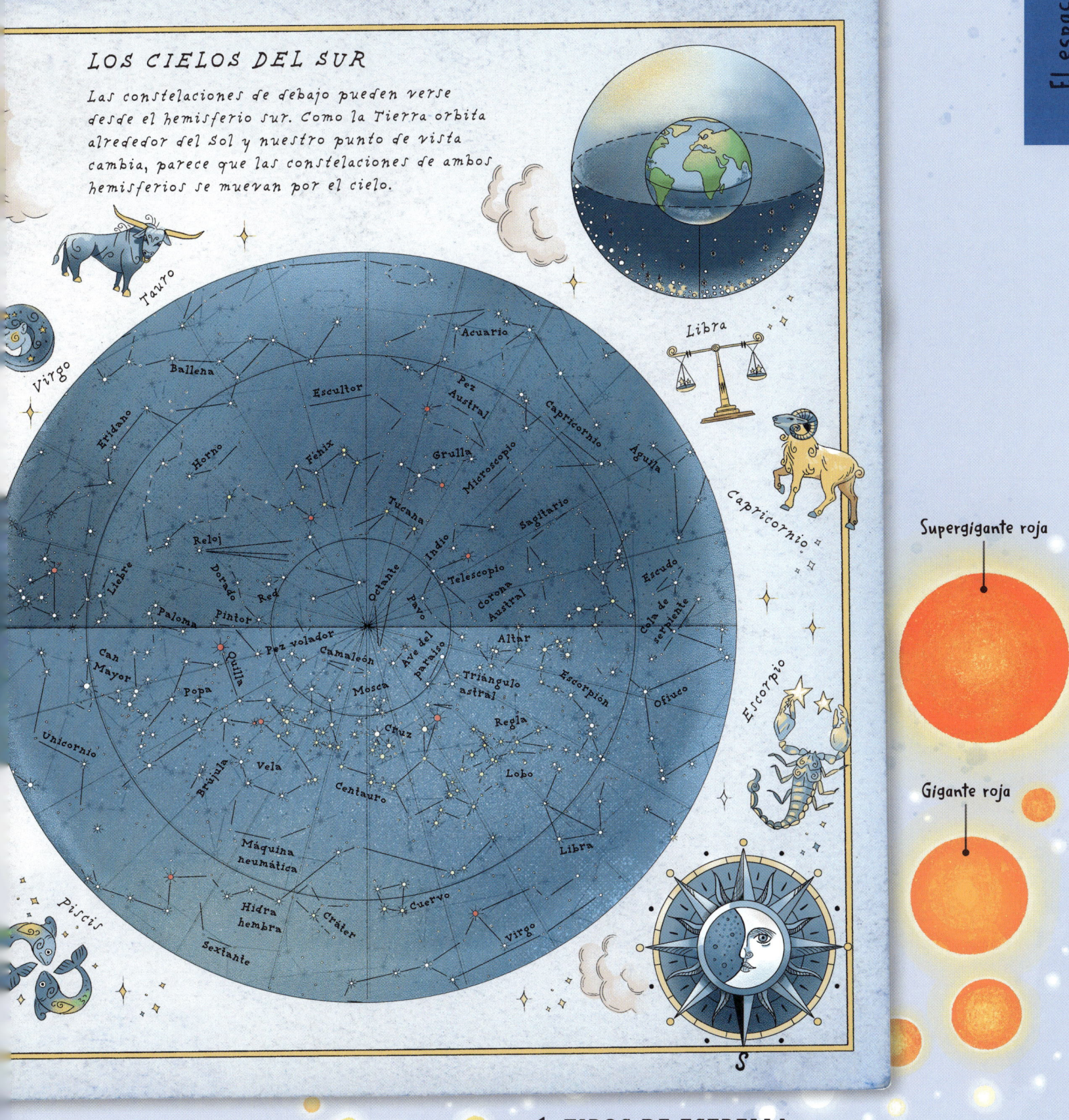

Supergigante roja

Gigante roja

Estrellas parecidas al Sol

TIPOS DE ESTRELLA

Las estrellas se clasifican según el tamaño, brillo y temperatura, algo que afecta a su color. No permanecen igual durante toda su existencia, sino que cambiarán de color y de tamaño dependiendo de dónde se encuentren dentro de su ciclo vital.

Las galaxias

La mayoría de las estrellas no existen en solitario en el espacio; se agrupan con nubes de gas, polvo y otras estrellas y forman las galaxias. La galaxia que podríamos considerar como la «nuestra» es la Vía Láctea. Desde la Tierra solo podemos ver una minúscula parte de ella, pero los astrónomos han utilizado sus hallazgos para trazar su forma probable. En ella hay unos cien mil millones de estrellas, y tiene una extensión de algo más de cien mil años luz.

TIPOS DE GALAXIA

Galaxia espiral

Estas galaxias tienen brazos curvos que salen hacia fuera en espiral desde una protuberancia central. Giran lentamente en el sitio.

Galaxia espiral barrada

Una espiral barrada es parecida a una espiral, pero con una barra en el centro. Nuestra propia galaxia, la Vía Láctea, es espiral barrada.

Galaxia elíptica

Redondas u ovales, estas galaxias contienen estrellas más antiguas y un poco de gas. Se cree que en la mayor parte de ellas hay enormes agujeros negros.

Galaxias irregulares

Llamamos irregulares a las que no tienen una forma definida. Estas galaxias a menudo contienen un gran número de estrellas jóvenes.

Galaxia lenticular

Estas galaxias tienen la forma de una lente de aumento: circulares, con bordes finos y un grueso núcleo central.

La Vía Láctea >

Del centro barrado de nuestra galaxia salen dos brazos en espiral: los brazos de Escudo-Centauro y de Perseo. Luego estos dos brazos principales se ramifican en unos cuantos más pequeños.

El movimiento de la estrella

La galaxia no rota como un disco; sus estrellas siguen órbitas individuales alrededor del centro. Cuanto más lejos está una estrella del centro, más tiempo tarda en completar una órbita.

Nuestro sistema solar

Nos encontramos más o menos a un tercio de distancia del centro de la Vía Láctea, en el brazo de Orión.

Sagitario A*

Este agujero negro supermasivo está situado en el centro de la Vía Láctea.

Centro galáctico

En esta zona están las estrellas más antiguas.

El Grupo Local

La Vía Láctea forma parte de un grupo de galaxias conocidas como el Grupo Local. Hasta ahora, se han descubierto más de cincuenta galaxias dentro del grupo, pero puede que haya muchas más que no vemos.

EL GRUPO LOCAL

EL UNIVERSO

Más allá de nuestro planeta existen otros, que también orbitan alrededor del Sol como parte del sistema solar. Más allá del sistema solar hay otras estrellas y planetas. En conjunto, a la vasta extensión de espacio y de objetos espaciales se la conoce como el universo. Hasta ahora, el ser humano no ha viajado más allá de la cara oculta de la Luna, pero nuestras naves no tripuladas han llegado hasta el límite del sistema solar y han salido al espacio exterior.

ESTUDIAR EL UNIVERSO

Los telescopios nos permiten ver más lejos en el universo de lo que pueden ver nuestros ojos. Durante centenares de años, los telescopios han avanzado cada vez más, hasta el punto de que se han lanzado al espacio algunos que nos proporcionan vistas que jamás habríamos soñado tener desde la Tierra.

NUESTRO LUGAR EN EL ESPACIO

La Tierra orbita alrededor del Sol junto con otros siete planetas. Este grupo es conocido como sistema solar.

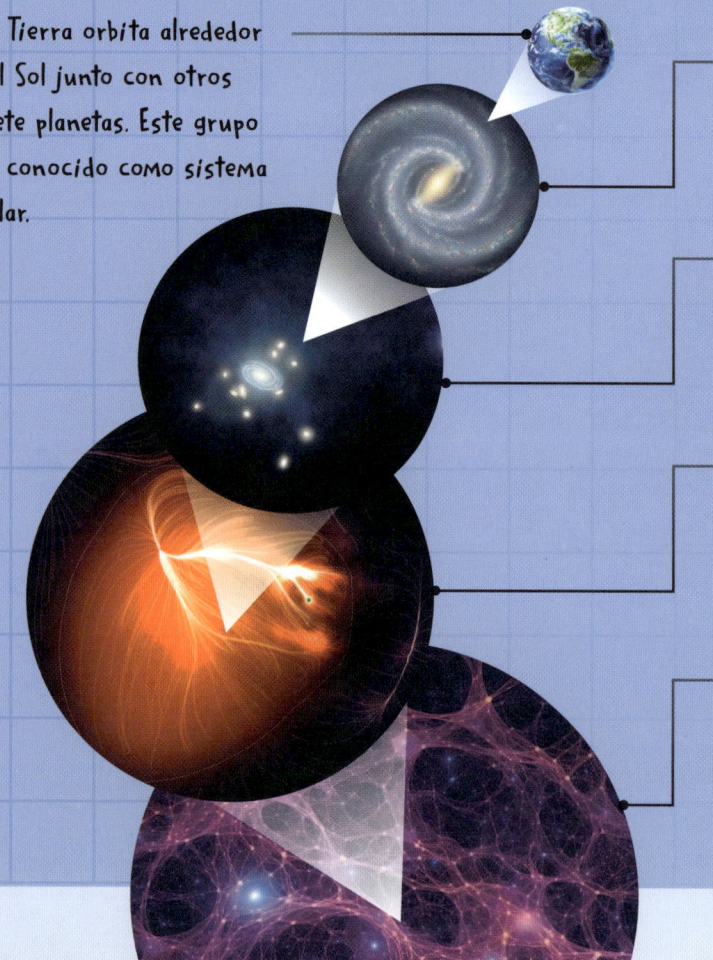

VÍA LÁCTEA

Nuestro Sol es uno de los miles de millones que conforman una galaxia llamada Vía Láctea. Tiene forma de espiral, y nuestro sistema solar está en uno de sus brazos espirales.

EL GRUPO LOCAL

La Vía Láctea es un cúmulo de más de cincuenta galaxias. A este conjunto se lo conoce como el Grupo Local.

EL SUPERCÚMULO DE LANIAKEA

El Grupo Local es parte de un supercúmulo descomunal de grupos de galaxias que se llama Supercúmulo de Laniakea.

LA RED CÓSMICA

El universo contiene una red de supercúmulos con enormes espacios vacíos entre ellos. Desde la Tierra solo se ve una pequeña fracción de la red.

EXOPLANETAS

Ya sabrás que en nuestro sistema solar hay ocho planetas. Pero ¿sabías que también hay planetas en otros lugares del universo? A cualquier planeta que esté fuera del sistema solar lo llamamos exoplaneta. Unos cuantos parecen similares a la Tierra.

v

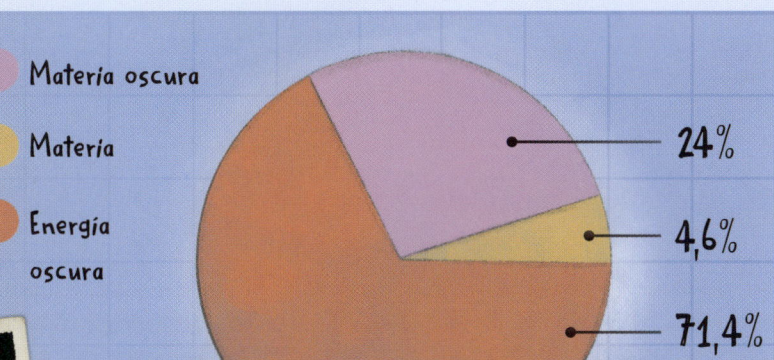

● Materia oscura
● Materia
● Energía oscura

24 %
4,6 %
71,4 %

El universo oscuro

Los científicos creen que solo podemos ver una minúscula porción de lo que hay en el universo. Se cree que el universo invisible podría estar compuesto de dos cosas: masas que no podemos ver, llamadas materia oscura, y una fuente desconocida de energía, llamada energía oscura.

CUERPOS CELESTES

Nuestro universo alberga toda una gama de distintos elementos a los que denominamos cuerpos. La mayoría de ellos se componen de gas, roca, hielo y metal.

ASTEROIDE

Es un objeto espacial rocoso o metálico que orbita alrededor del Sol.

COMETA

Esta bola de hielo y polvo forma dos colas cuando viaja cerca del Sol.

PLANETA

Es un cuerpo grande y redondo que orbita alrededor del Sol sin encontrarse nada en su trayectoria.

PLANETA ENANO

Es un cuerpo grande y redondo que orbita alrededor del Sol, pero que comparte trayectoria con otros objetos.

LUNA

Este cuerpo rocoso orbita alrededor de un planeta. Algunos planetas tienen montones de lunas.

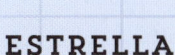

ESTRELLA

Es una inmensa bola en llamas de gas y plasma. Algunas orbitan alrededor de los planetas.

NEBULOSA

Es una enorme nube de polvo y gas. Algunas de ellas son restos de estrellas fugaces.

EL UNIVERSO A TRAVÉS DEL TIEMPO

Al parecer, hace unos 13 800 millones de años, nuestro universo surgió de repente de la nada. A este acontecimiento tan importante se lo denomina Big Bang (o Gran Explosión). Al principio, todo sucedió muy rápido, y la materia se desarrollaba en una fracción de segundo. Después de eso, la expansión continuó más lentamente, y durante millones de años se fueron formando las estrellas y las galaxias.

Un universo en expansión

Nuestro universo se ha ido expandiendo desde que tuvo lugar el Big Bang. Todavía hay otras galaxias que se alejan de nosotros, lo que sugiere que el universo continúa en expansión. Los científicos piensan que el universo o bien se expandirá eternamente, o bien acabará colapsando hacia dentro en un pequeño punto, en un *big crunch* (o gran implosión).

RADIACIÓN CÓSMICA

El Big Bang dejó a su paso una llamarada de radiación de microondas por todo el universo. En 1964 una antena especializada fue capaz de detectar por primera vez la radiación. Fue una prueba importante de la existencia del Big Bang.

Se expande el espacio entre las galaxias

Se forman las primeras galaxias después del Big Bang

Principio del universo conocido

La gravedad agrupa cúmulos de galaxias

RADIACIÓN DE FONDO CÓSMICA

Radiómetro de microondas

< UN DESCUBRIMIENTO IMPORTANTE

Edwin Hubble fue un astrónomo estadounidense. En 1929 demostró que las galaxias se alejaban las unas de las otras, lo que significaba que el universo se estaba expandiendo.

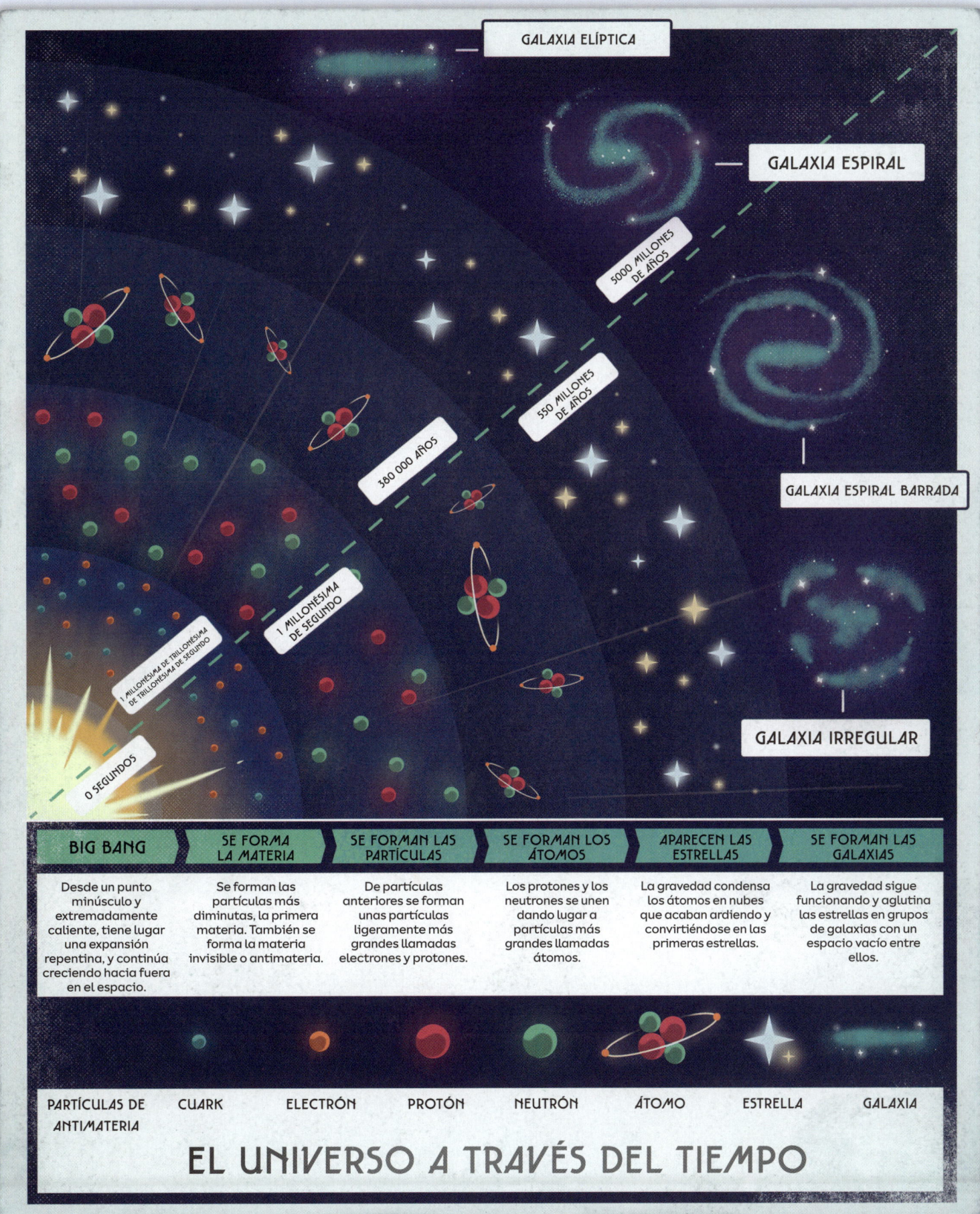

GALAXIA ELÍPTICA

GALAXIA ESPIRAL

5000 MILLONES DE AÑOS

GALAXIA ESPIRAL BARRADA

550 MILLONES DE AÑOS

380 000 AÑOS

GALAXIA IRREGULAR

1 MILLONÉSIMA DE SEGUNDO

1 MILLONÉSIMA DE TRILLONÉSIMA DE TRILLONÉSIMA DE SEGUNDO

0 SEGUNDOS

BIG BANG	SE FORMA LA MATERIA	SE FORMAN LAS PARTÍCULAS	SE FORMAN LOS ÁTOMOS	APARECEN LAS ESTRELLAS	SE FORMAN LAS GALAXIAS
Desde un punto minúsculo y extremadamente caliente, tiene lugar una expansión repentina, y continúa creciendo hacia fuera en el espacio.	Se forman las partículas más diminutas, la primera materia. También se forma la materia invisible o antimateria.	De partículas anteriores se forman unas partículas ligeramente más grandes llamadas electrones y protones.	Los protones y los neutrones se unen dando lugar a partículas más grandes llamadas átomos.	La gravedad condensa los átomos en nubes que acaban ardiendo y convirtiéndose en las primeras estrellas.	La gravedad sigue funcionando y aglutina las estrellas en grupos de galaxias con un espacio vacío entre ellos.

PARTÍCULAS DE ANTIMATERIA	CUARK	ELECTRÓN	PROTÓN	NEUTRÓN	ÁTOMO	ESTRELLA	GALAXIA

EL UNIVERSO A TRAVÉS DEL TIEMPO

Un mapa temporal del universo

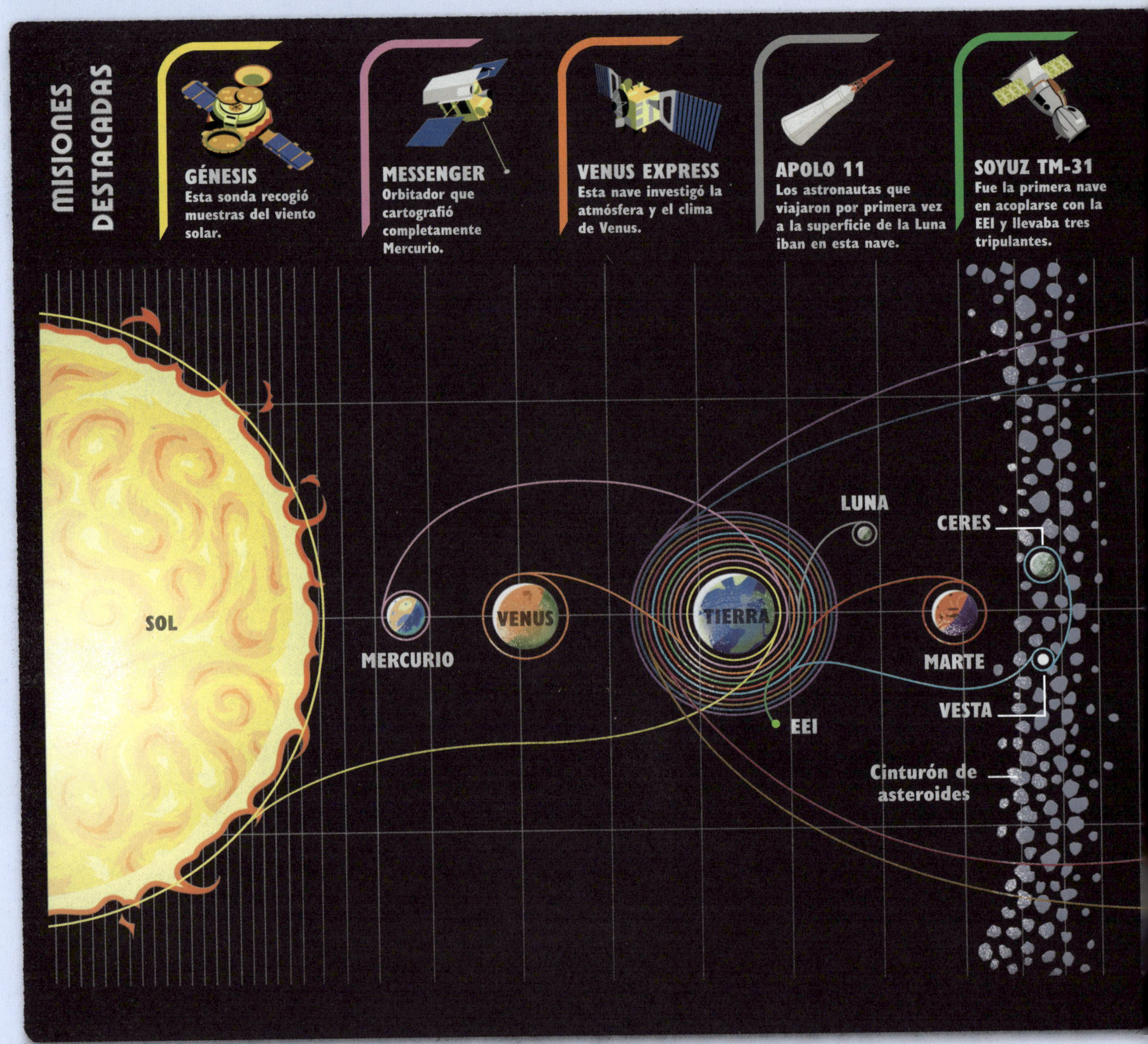

MISIONES DESTACADAS
GÉNESIS
Esta sonda recogió muestras del viento solar.
MESSENGER
Orbitador que cartografió completamente Mercurio.
VENUS EXPRESS
Esta nave investigó la atmósfera y el clima de Venus.
APOLO 11
Los astronautas que viajaron por primera vez a la superficie de la Luna iban en esta nave.
SOYUZ TM-31
Fue la primera nave en acoplarse con la EEI y llevaba tres tripulantes.
SOL
MERCURIO
VENUS
TIERRA
LUNA
EEI
MARTE
CERES
VESTA
Cinturón de asteroides

Un mapa de misiones espaciales destacadas

MISIONES ESPACIALES

Desde el siglo xx, los seres humanos hemos enviado miles de naves al espacio, así como a cientos de astronautas. Con estas misiones espaciales se pretende que aprendamos más sobre nuestro sistema solar y el universo que lo rodea. Enviar naves espaciales a visitar otras partes del espacio nos permite tomar fotografías más cercanas, e incluso recoger muestras de rocas para traerlas de vuelta a la Tierra y que las estudien los científicos.

APOLLO 11

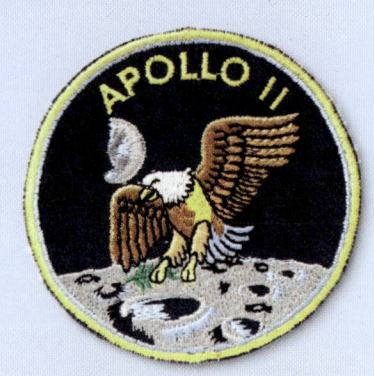

PERSEVERANCE
Este vehículo robotizado del tamaño de un coche explora la superficie de Marte.

DAWN
Esta sonda estudió los planetas enanos de Ceres y Vesta.

JUNO
Esta fue la primera nave que viajó por las nubes de Júpiter.

CASSINI
Esta sonda estudió los anillos y las lunas de Saturno.

VOYAGER 2
La única nave que ha visitado Urano y Neptuno es la Voyager 2.

NEW HORIZONS
Esta nave voló sobre Arrokoth, un objeto del lejano cinturón de Kuiper.

Cinturón de Kuiper

ARROKOTH

JÚPITER

SATURNO

URANO

NEPTUNO

ROCAS MARCIANAS

VOYAGER I

¿Qué hemos descubierto?

Hasta ahora, el ser humano solo ha viajado a la Luna, en misiones como la del Apolo 11. La mayoría de las misiones espaciales las llevan a cabo naves robóticas, que envían información a la Tierra sin poner en riesgo la vida humana. Algunas naves alunizan, otras sobrevuelan los objetos y los observan sin tocarlos.

Un vehículo robótico hizo esta foto en la superficie de Marte.

¿CUÁN LEJOS HEMOS LLEGADO?

Hasta ahora, solo dos naves espaciales han viajado más allá de nuestro sistema solar. Las Voyager 1 y 2 se lanzaron en 1977 y atravesaron el cinturón de Kuiper en 2012. Continuarán su camino hasta que se queden sin energía.

25

CAPÍTULO 2
CIENCIA Y TECNOLOGÍA

La palabra «ciencia» proviene de la palabra latina que significa «conocimiento». Los científicos intentan descubrir cómo funcionan exactamente las cosas. Estudian el mundo que nos rodea, investigan de qué está hecho todo y su comportamiento. Eso incluye la naturaleza: cómo y dónde viven los animales, y cómo han cambiado con el transcurso de los años. También observar las sustancias de las que están hechas las cosas y cómo reaccionan en distintas circunstancias. Las tecnologías más punteras, desde internet hasta el avión, solo son posibles gracias a miles de años de investigación científica.

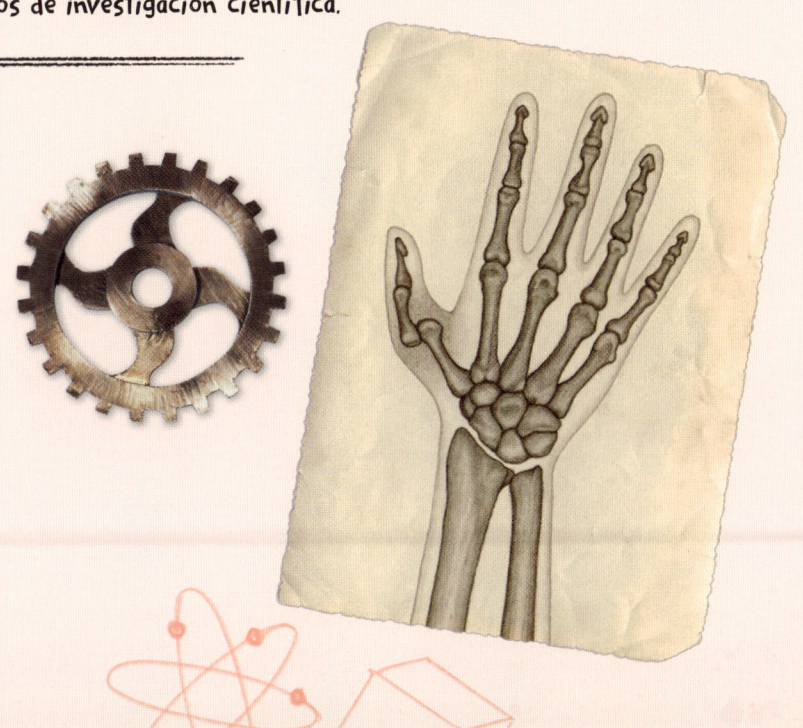

LOS ÁTOMOS

Si mirases muy de cerca un objeto, o incluso a un ser vivo, descubrirías que está hecho de partes muy pequeñitas. De hecho, todo lo que hay en el universo se compone de minúsculos elementos básicos llamados átomos. Existen 118 tipos distintos de átomos, que se entrelazan o unen con otros tipos de átomos para formar una amplia variedad de sustancias diferentes. En el interior de los átomos hay partículas aún más pequeñas, que se llaman protones, neutrones y electrones.

PARTÍCULAS SUBATÓMICAS

Los protones y los neutrones están compuestos de partículas aún más pequeñas, como los cuarks. Estos son tan minúsculos que son casi imposibles de detectar.

v

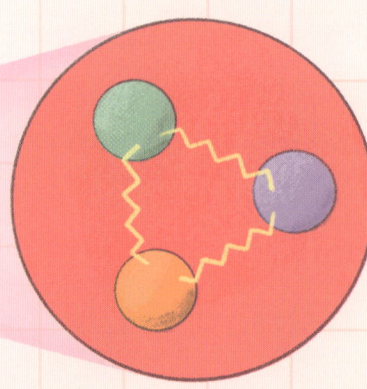

En el interior de un átomo

Cada átomo se compone de partículas internas aún más pequeñas. En el centro hay un grupo de ellas que constituyen el núcleo, el cual contiene protones y neutrones. Los electrones viajan alrededor del núcleo formando anillos que se conocen como conchas.

Los neutrones se encuentran en el núcleo, en el corazón del átomo.

Los protones se encuentran en el núcleo, junto a los neutrones.

Los electrones orbitan alrededor del exterior del núcleo.

MODELOS DEL ÁTOMO

Con el paso de los años, los modelos de átomos que utilizaban los científicos han evolucionado, con una serie de descubrimientos que han cambiado el modelo.

MODELO PUDIN DE PASA

El físico británico J. J. Thomson descubrió los electrones en 1904. Sugirió que estaban incrustados por toda una esfera, como las pasas en un pudin.

MODELO PLANETARIO

En 1911, Ernest Rutherford, un físico neozelandés, sugirió que los electrones formaban una nube dispersa. Llegó a descubrir protones dentro del núcleo.

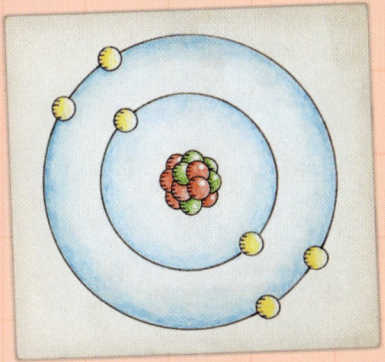

MODELO DE CAPAS

Posteriormente, se descubrió que los electrones orbitan alrededor del núcleo en capas, y que dentro del núcleo también hay unas partículas llamadas neutrones. Este es el modelo que se sigue utilizando hoy en día.

ENERGÍA ATÓMICA

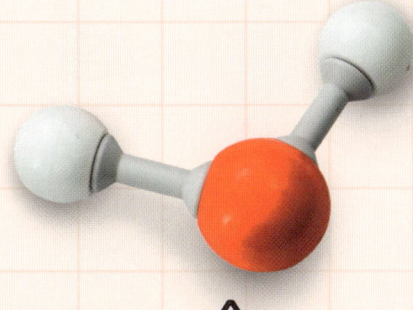

^

DE ÁTOMOS A MOLÉCULAS

Los átomos pueden unirse con otros átomos para formar moléculas. Los átomos de una molécula comparten electrones entre ellos, lo que los enlaza. Las moléculas contienen entre uno y dos millones de átomos.

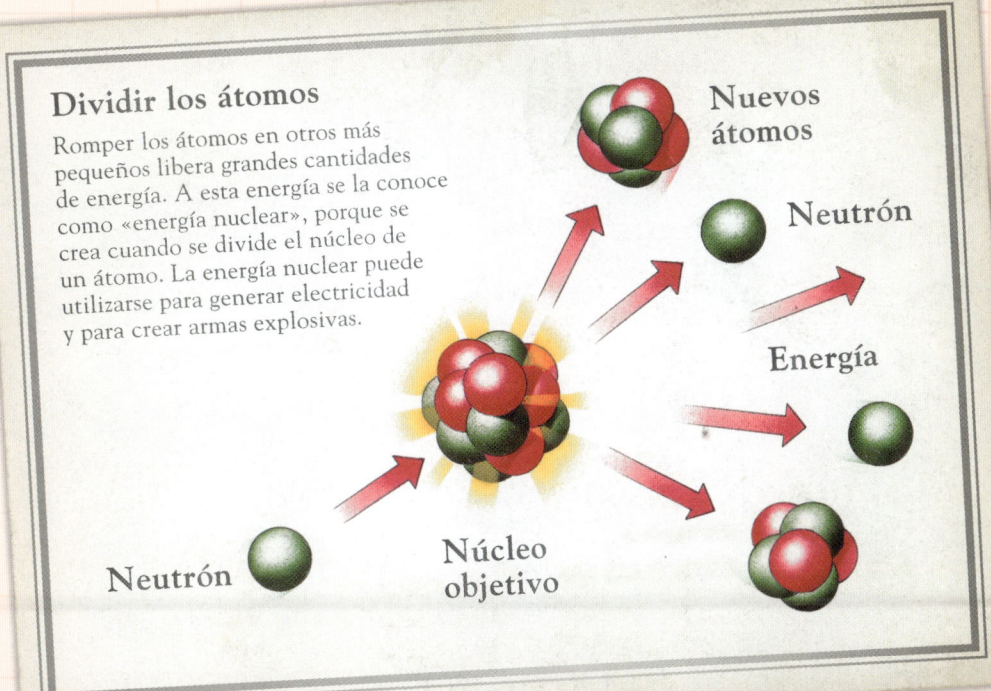

Dividir los átomos

Romper los átomos en otros más pequeños libera grandes cantidades de energía. A esta energía se la conoce como «energía nuclear», porque se crea cuando se divide el núcleo de un átomo. La energía nuclear puede utilizarse para generar electricidad y para crear armas explosivas.

Nuevos átomos

Neutrón

Energía

Neutrón

Núcleo objetivo

LOS ELEMENTOS

Todo lo que hay en nuestro mundo se compone de átomos (ver pp. 28-29). A las sustancias que contienen un solo tipo de átomos se les llama elementos. Los elementos se unen de distintas maneras para crear todas las cosas que vemos en el mundo, como los árboles, los animales ¡y hasta nosotros mismos!

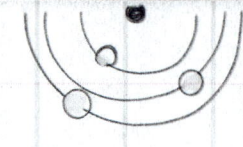

¿Dónde encontramos los elementos?

¡Los elementos están por todas partes! Algunos son los componentes básicos de todo lo que hay en la naturaleza. Otros los crean los científicos en laboratorios.

LA TABLA PERIÓDICA DE LOS ELEMENTOS

A este cuadro de los elementos se le llama tabla periódica. Los elementos están ordenados en filas y columnas según el número atómico, con códigos de color que los agrupan por tipos.

El símbolo de un elemento suele ser la primera letra, o la primera letra y otra más que proviene de su nombre (o de un nombre más antiguo).

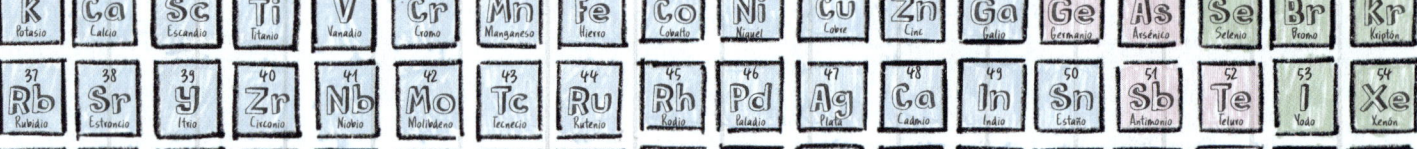

GUÍA

Número atómico

SÍMBOLO DEL ELEMENTO

8 O Oxígeno

Nombre del elemento

Cada elemento tiene un número atómico único, que es el número de protones que hay en sus átomos (ver pp. 28-29).

LEYENDA

METALES
Suelen ser brillantes, sólidos y duros.

NO METALES
A temperatura ambiente, la mayoría de los no metales son gases o líquidos.

METALOIDES
Estos elementos están a medio camino entre los metales y los no metales.

DESCONOCIDOS
¡Estos elementos aún no se han creado!

EL VIAJE DEL CARBONO

El carbono es un elemento, pero aparece en distintas formas, según la disposición de sus átomos. Hay millones de formas distintas de carbono, y entre ellas ¡toda la vida que hay en la Tierra!

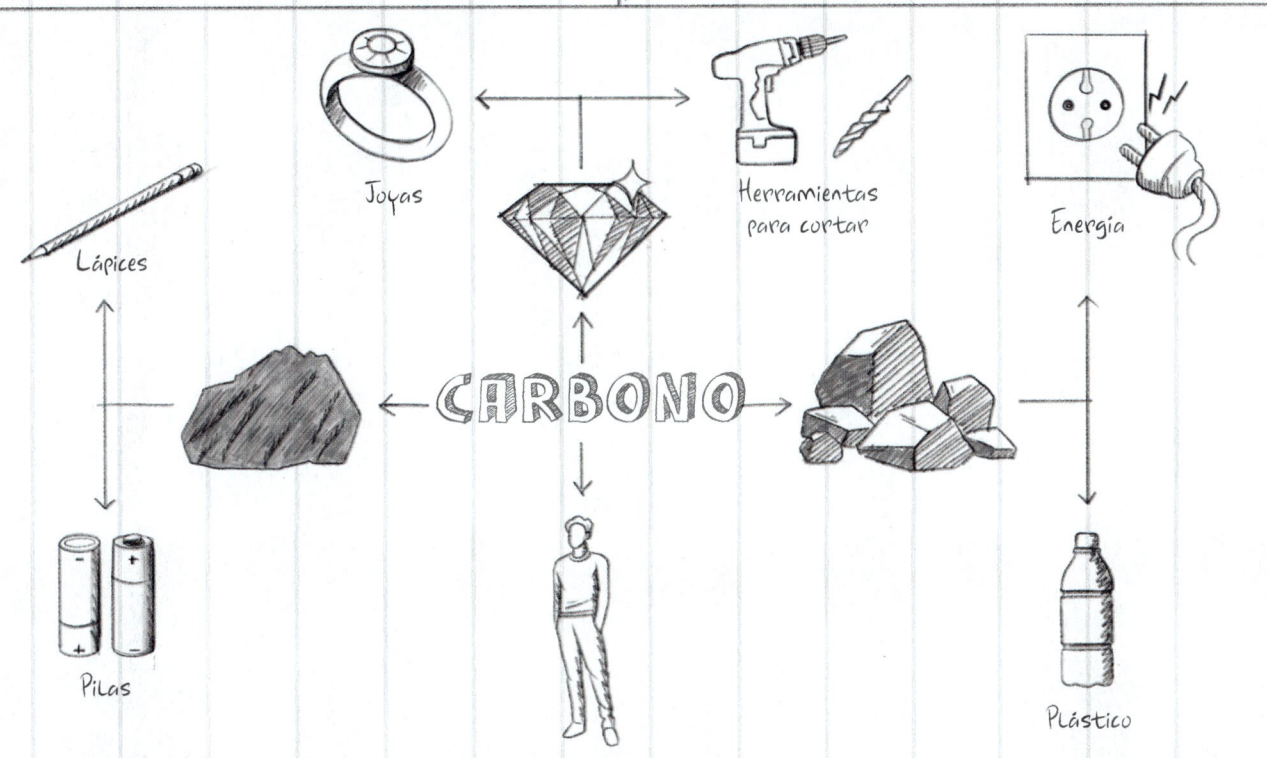

Joyas

Lápices

Herramientas para cortar

Energía

CARBONO

Pilas

Plástico

LEYENDA

Diamante
Los átomos del carbono del diamante se conectan en una forma piramidal superfuerte, que lo convierten en el elemento natural más duro de la Tierra.

Grafito
Los átomos del grafito se enlazan en capas, que se deslizan las unas sobre las otras. Esto hace que sea suave y quebradizo.

Carbón
Los átomos del interior del carbón están dispuestos de forma caótica; no tiene una estructura regular.

El cuerpo humano
¡Casi una quinta parte del cuerpo humano está hecha de carbono!

Compuestos

Cuando dos o más elementos se unen, forman algo conocido como compuesto. El agua (H_2O) es un compuesto de hidrógeno y oxígeno.

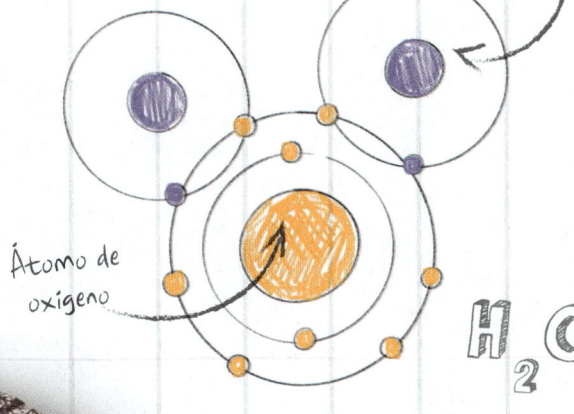

Átomo de hidrógeno

Átomo de oxígeno

H_2O

LA ELECTRICIDAD

Fluyendo a través de cables escondidos en el interior de los objetos o bien ocultos detrás de las paredes, la electricidad proporciona energía a todo tipo de cosas del día a día, desde las bombillas que están sobre nuestras cabezas a los dispositivos portátiles.

¿Qué es la electricidad?

La electricidad es un tipo de energía que puede utilizarse para dar luz y calor, como en las bombillas. Una corriente de electricidad se genera cuando diminutas partículas con una carga eléctrica, llamadas electrones, se desplazan de un lugar a otro. Se puede crear electricidad dentro de pilas muy pequeñas o en inmensas centrales eléctricas.

5

1 Fuente de energía

La electricidad se genera en el interior de una fuente de energía, como por ejemplo una pila. Fluye a través de cables conectados a esta fuente.

Más información sobre los electrones en las páginas 28-29.

2 Interruptor encendido/apagado (on/off)

Si un cable se rompe, la electricidad deja de fluir. Apretando el interruptor de encendido/apagado conectas los cables para permitir que fluya la electricidad y encienda el dispositivo, o desconectas el cable para detener el flujo y apagar el dispositivo.

3 Conductor

Los cables que conectan las fuentes de energía a otros dispositivos están hechos de materiales que la electricidad puede atravesar, como el cobre metálico. A su vez, estos cables metálicos están revestidos de materiales que la electricidad no puede atravesar, como la goma. Esto mantiene la electricidad en el interior de forma segura.

4

Átomo

Electrón

Cable

4 Electrones

Cuando un electrón salta de un átomo al siguiente, expulsa un electrón del átomo receptor. Esto continúa así a lo largo de todo el cable y crea un flujo de electricidad para el dispositivo.

1

3

on | off

2

EL FLUJO DE ELECTRICIDAD

5 Bombilla

La bombilla se enciende cuando le llega la electricidad.

Un mapa de la corriente eléctrica

GENERAR ELECTRICIDAD

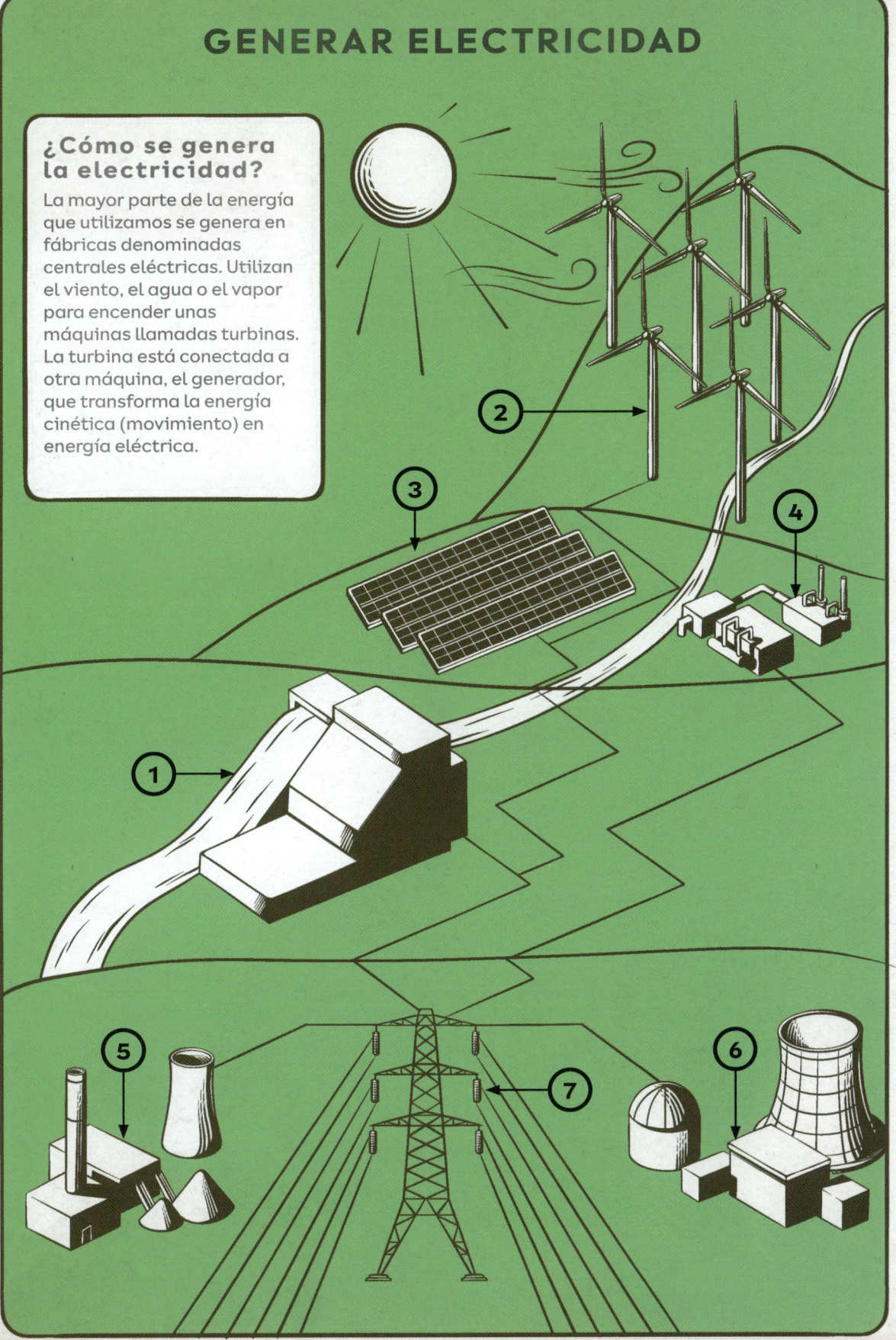

¿Cómo se genera la electricidad?

La mayor parte de la energía que utilizamos se genera en fábricas denominadas centrales eléctricas. Utilizan el viento, el agua o el vapor para encender unas máquinas llamadas turbinas. La turbina está conectada a otra máquina, el generador, que transforma la energía cinética (movimiento) en energía eléctrica.

1 Agua

En la naturaleza, el agua está en constante movimiento. El flujo de los ríos y el movimiento de las mareas pueden utilizarse para generar electricidad.

2 Viento

Según su velocidad, el viento puede mover las turbinas. Esto es más factible en zonas con fuertes vientos, como en lo alto de las colinas.

3 Sol

El Sol produce enormes cantidades de energía. Podemos utilizar paneles solares para convertir esa energía en electricidad.

4 Geotérmica

En algunas zonas de la Tierra las temperaturas en el subsuelo son muy elevadas. Este calor se puede usar para generar vapor con el que poner en marcha las turbinas.

5 Combustibles fósiles

El carbón, el gas y el petróleo son combustibles fósiles. Pueden quemarse para calentar agua y generar vapor que haga funcionar las turbinas.

6 Nuclear

Al desintegrar algunos átomos se genera mucha energía. Esta energía se puede utilizar para calentar agua que produzca vapor con el que hacer girar las turbinas.

7 Torres de alta tensión

Grandes redes de cables unen las centrales eléctricas con los usuarios de electricidad. Las torres de alta tensión, de gran altura, sostienen los cables en alto.

LAS CÉLULAS

Si te miraras un dedo —o cualquier otra parte del cuerpo— muy de cerca con un microscopio, verías que todo tu cuerpo está formado por unas piezas muy pequeñas llamadas células. Las células son como minúsculos bloques de construcción y se encuentran en el interior de todos los seres vivos. Algunos de estos solo tienen una célula, mientras que otros tienen millones o billones. ¡Los seres humanos tenemos unos cien billones! Si comparamos la célula de una planta con la de un animal encontraremos algunas diferencias fundamentales en su composición.

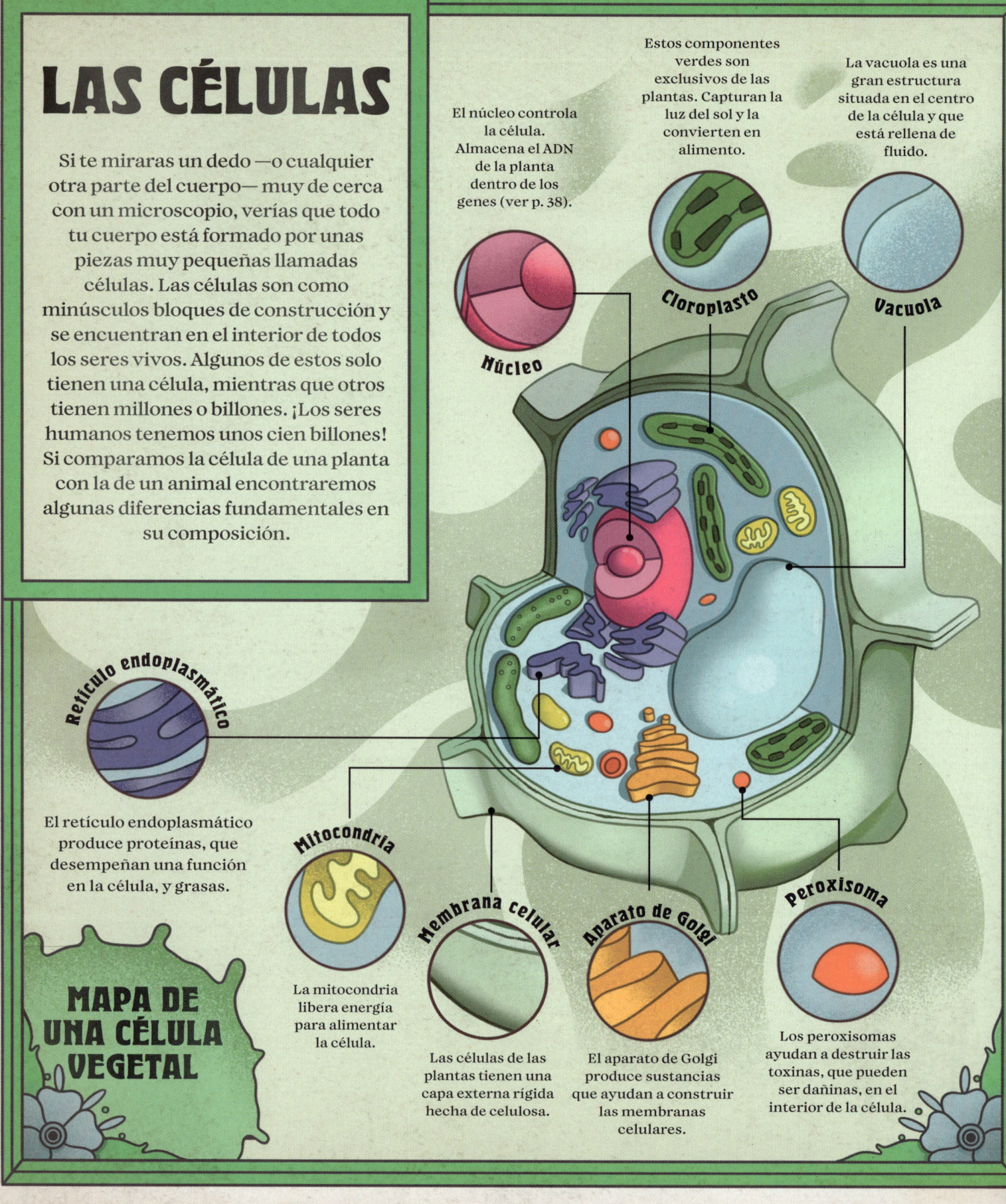

El núcleo controla la célula. Almacena el ADN de la planta dentro de los genes (ver p. 38).

Núcleo

Estos componentes verdes son exclusivos de las plantas. Capturan la luz del sol y la convierten en alimento.

Cloroplasto

La vacuola es una gran estructura situada en el centro de la célula y que está rellena de fluido.

Vacuola

Retículo endoplasmático

El retículo endoplasmático produce proteínas, que desempeñan una función en la célula, y grasas.

MAPA DE UNA CÉLULA VEGETAL

Mitocondria

La mitocondria libera energía para alimentar la célula.

Membrana celular

Las células de las plantas tienen una capa externa rígida hecha de celulosa.

Aparato de Golgi

El aparato de Golgi produce sustancias que ayudan a construir las membranas celulares.

Peroxisoma

Los peroxisomas ayudan a destruir las toxinas, que pueden ser dañinas, en el interior de la célula.

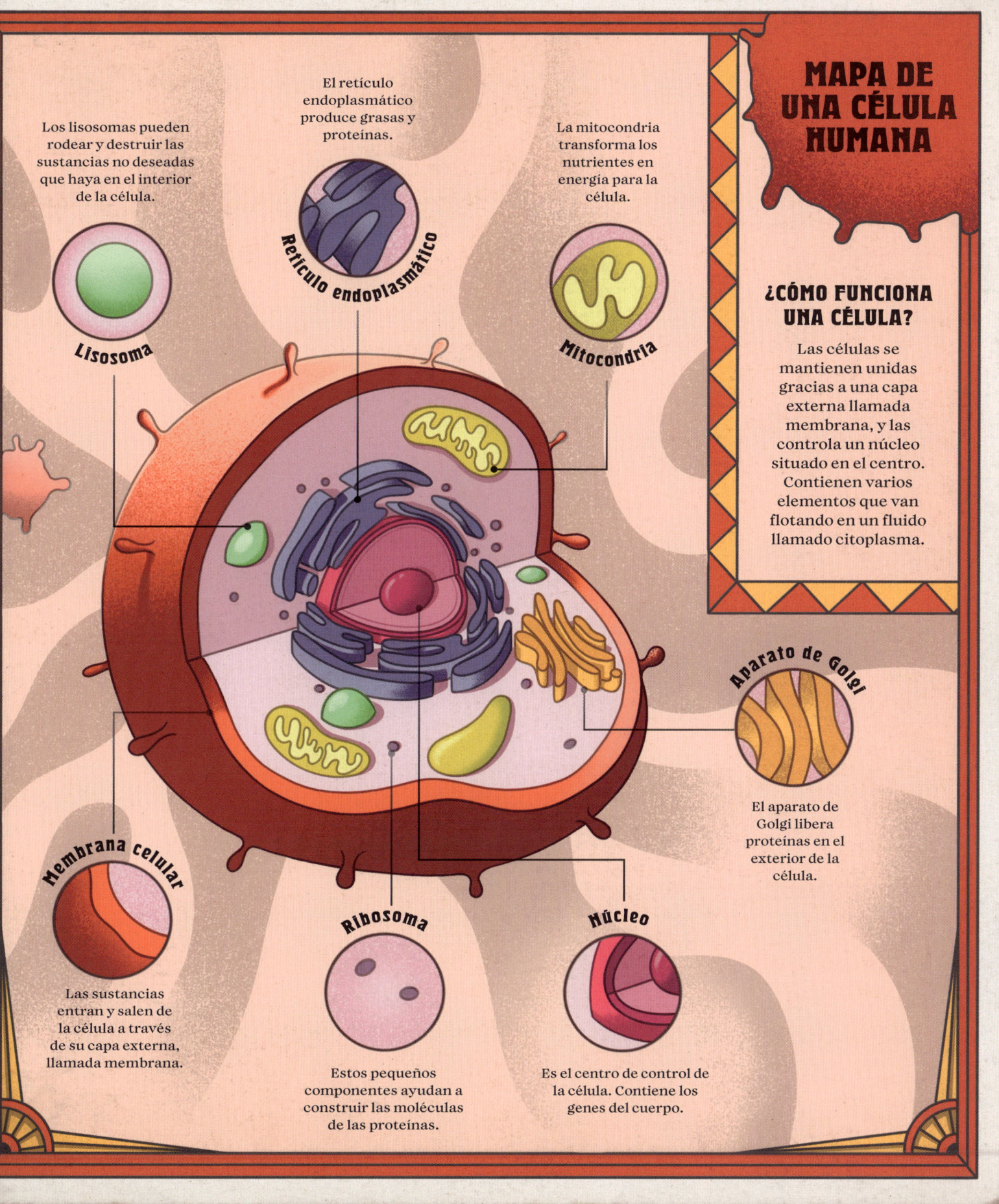

Los lisosomas pueden rodear y destruir las sustancias no deseadas que haya en el interior de la célula.

El retículo endoplasmático produce grasas y proteínas.

La mitocondria transforma los nutrientes en energía para la célula.

Lisosoma

Retículo endoplasmático

Mitocondria

MAPA DE UNA CÉLULA HUMANA

¿CÓMO FUNCIONA UNA CÉLULA?

Las células se mantienen unidas gracias a una capa externa llamada membrana, y las controla un núcleo situado en el centro. Contienen varios elementos que van flotando en un fluido llamado citoplasma.

Aparato de Golgi

El aparato de Golgi libera proteínas en el exterior de la célula.

Membrana celular

Las sustancias entran y salen de la célula a través de su capa externa, llamada membrana.

Ribosoma

Estos pequeños componentes ayudan a construir las moléculas de las proteínas.

Núcleo

Es el centro de control de la célula. Contiene los genes del cuerpo.

35

UN ECOSISTEMA OCEÁNICO

4

ENERGÍA
El Sol proporciona energía a todo el ecosistema. Las plantas utilizan la luz del sol para crecer. Luego sirven de alimento a otros miembros del ecosistema.

AGUA
Todos los seres vivos necesitan agua para vivir. Los animales que viven en el mar a menudo obtienen el agua que necesitan de sus alimentos, no bebiéndola.

OXÍGENO
Los animales necesitan oxígeno para vivir, mientras que las plantas lo producen como gas residual. Algunos animales obtienen el oxígeno del aire, y otros del agua.

CONSUMIDOR
Todos los consumidores obtienen su energía comiéndose a otros seres vivos. Puede tratarse de plantas, como las algas, o de otros animales.

2C

DESCOMPONEDOR
Los descomponedores se comen a otros seres vivos que ya han muerto y que se están descomponiendo. ¡No se desperdicia energía!

2B

2A

5

PRODUCTOR
El alga utiliza la luz del sol para producir su propia energía. Como productor, sirve de alimento a los animales herbívoros.

1

REFUGIO
La vegetación marina proporciona un escondite esencial a las pequeñas crías mientras crecen.

3

LEYENDA **1.** Alga **2A.** Ballena asesina **2B.** Foca **2C.** Langosta **3.** Vegetación marina **4.** Sol **5.** Gamba

¿QUÉ ES UN ECOSISTEMA?

Un ecosistema es la combinación de plantas y animales que viven en un lugar concreto de la Tierra. Dividimos los ecosistemas en diferentes grupos, como los terrestres, los de agua dulce y los de agua salada.

LOS ECOSISTEMAS

Nuestro mundo alberga una enorme variedad biológica. Estos especímenes viven y mueren juntos en redes que se llaman ecosistemas. Cada parte de un ecosistema desempeña una función. Encontramos funciones parecidas en la mayoría de los ecosistemas, aunque pueden desempeñarlas distintos seres vivos.

UNA CADENA ALIMENTARIA DE ARRECIFES DE CORAL

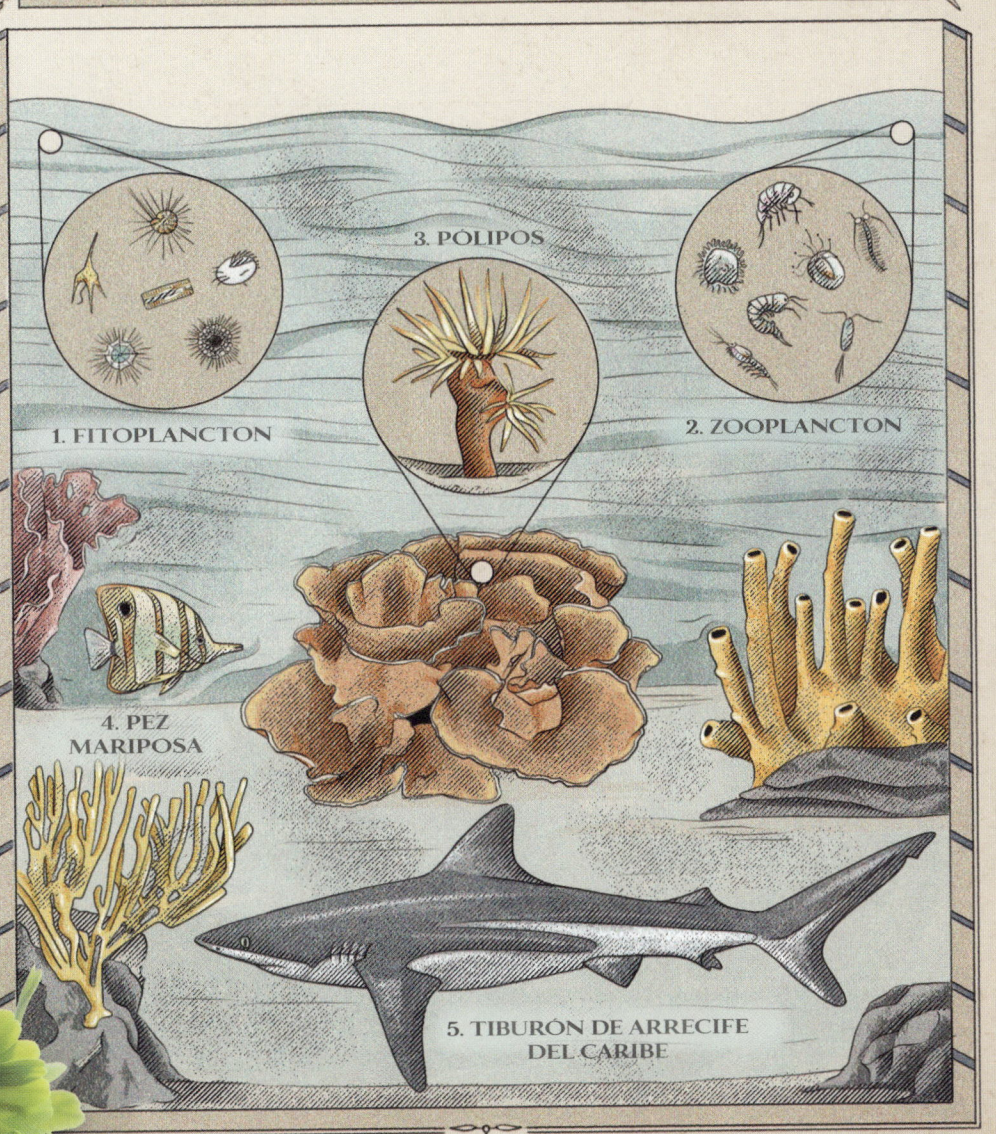

1. FITOPLANCTON

3. PÓLIPOS

2. ZOOPLANCTON

4. PEZ MARIPOSA

5. TIBURÓN DE ARRECIFE DEL CARIBE

LEYENDA

1. EL PRODUCTOR

El fitoplancton está formado por plantas minúsculas, tan pequeñas que solo se pueden ver con un microscopio.

2. EL CONSUMIDOR PRIMARIO

Estos animalitos llamados zooplancton se comen el fitoplancton. «Primario» quiere decir «primero».

3. EL CONSUMIDOR SECUNDARIO

Los pólipos de coral no se pueden mover de su posición. Utilizan frondas para capturar zooplancton con el que alimentarse.

4. EL CONSUMIDOR TERCIARIO

El pez mariposa se alimenta de animales pequeños, entre ellos el coral. «Terciario» significa «tercero».

5. EL SUPERDEPREDADOR

Un tiburón es un superdepredador; se alimenta de otros animales y no tiene ningún depredador natural.

LA EVOLUCIÓN

Las plantas y los animales que vemos a nuestro alrededor no han existido siempre. A lo largo de millones de años han ido cambiando muy poco a poco. Algunos de estos cambios son beneficiosos, pues; ayudan al animal a adaptarse a su entorno y a sobrevivir con más facilidad. Otros son menos útiles y causado la extinción de algunos tipos de plantas y animales. Con el tiempo, los pequeños cambios pueden transformar una especie de planta o de animal en otra totalmente distinta. A este proceso de cambio se lo denomina evolución.

fósil de una estrella de mar

^
PRUEBA FÓSIL

Los fósiles conservan rastros de la vida que un día habitó la Tierra. Podemos estudiar fósiles antiguos para ver qué seres vivos han cambiado con el paso del tiempo, así como cuáles han permanecido invariables.

Los genes

El cuerpo de los animales contiene unos conjuntos de instrucciones que determinan sus rasgos, como el color del pelo. Estos conjuntos de instrucciones se llaman genes, y se presentan en pares; un gen procede de la madre y el otro del padre.

Cada progenitor tiene un gen marrón y uno blanco.

Cada progenitor transmite un gen a sus crías.

Pueden transmitir un gen distinto a cada cría.

Los genes marrones son **dominantes**; cualquier animal con este gen será marrón.

Los genes blancos son **recesivos**; para ser blanco, un animal tiene que heredar los dos genes blancos.

LA SELECCIÓN NATURAL

< Algunas de sus características ayudan a los animales a sobrevivir. Por ejemplo, una liebre blanca se camuflará mejor en la nieve que una marrón. Esto significa que la liebre blanca tiene más posibilidades de poder sobrevivir en lugares nevados y de transmitir ese dato en sus genes para que así la siguiente generación tenga más probabilidades de ser blanca.

LA EVOLUCIÓN DEL ZORRO

EL ANTIGUO ZORRO

Todos los zorros actuales son descendientes lejanos de una especie a la que llamamos su antepasado común. Puede que fuera el *Prohesperocyon* —una criatura de rasgos similares que vivió hace unos 36,6 millones de años— o un pariente cercano.

ANTEPASADO COMÚN

LOS ZORROS EVOLUCIONAN

Con el paso del tiempo, la selección natural ha creado distintas especies de zorro. Cada una de ellas se adapta para sobrevivir en el entorno concreto en el que vive.

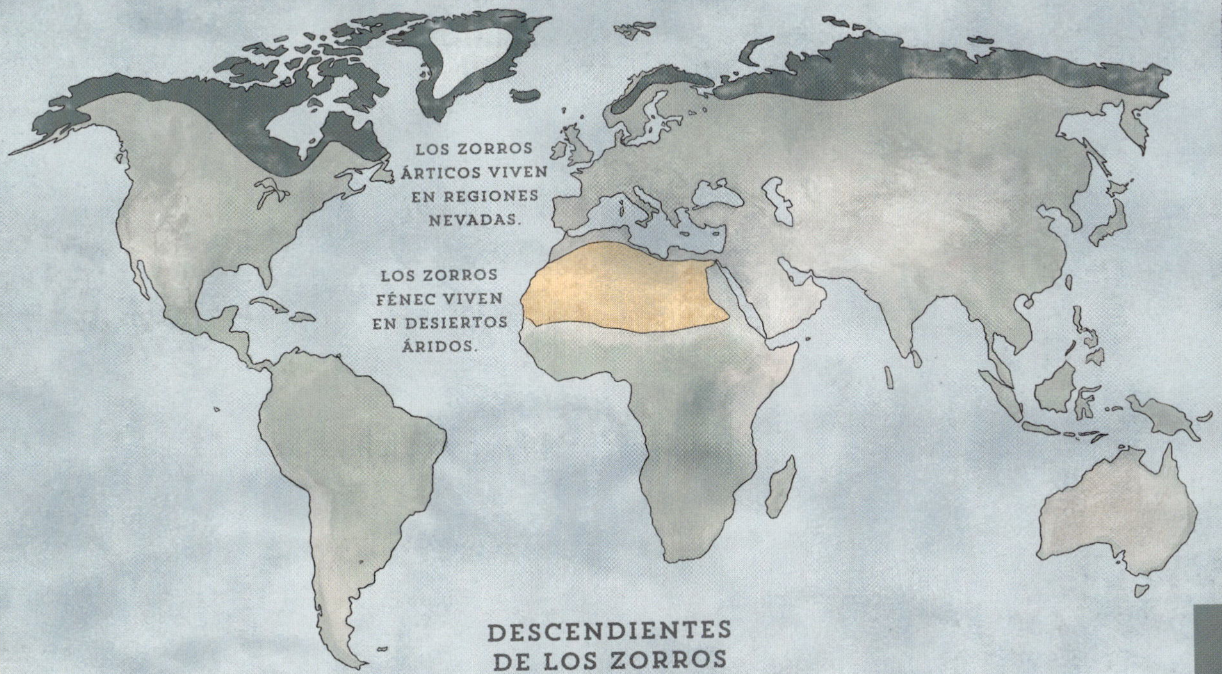

LOS ZORROS ÁRTICOS VIVEN EN REGIONES NEVADAS.

LOS ZORROS FÉNEC VIVEN EN DESIERTOS ÁRIDOS.

DESCENDIENTES DE LOS ZORROS

ZORRO FÉNEC

Esta especie de zorro vive en los áridos desiertos del norte de África. Tiene unas orejas especialmente grandes que le ayudan a liberar el exceso de calor corporal y a mantenerse fresco.

EL PELAJE DE COLOR ARENA AYUDA AL ZORRO A OCULTARSE DE LOS DEPREDADORES.

EL CALOR SALE DEL CUERPO POR SUS GRANDES OREJAS.

LAS PLANTAS PELUDAS LES PROTEGEN LAS PATAS DE LA ARENA CALIENTE.

ZORRO ÁRTICO

El grueso y cálido pelaje de este zorro se vuelve blanco durante los inviernos en el Ártico. Camuflado con la nieve, se acerca sigiloso a sus presas y se esconde de sus depredadores.

EL HOCICO ES CORTO; ASÍ QUEDA MENOS EXPUESTO AL SOL.

UN PELAJE DE INVIERNO BLANCO SE CAMUFLA CON LA NIEVE.

EL PELAJE GRUESO MANTIENE AL ZORRO CALIENTE.

Un mapa que muestra cómo han evolucionado los zorros para adaptarse a su entorno

EL CUERPO HUMANO

Tu cuerpo se compone de órganos, huesos, tejido y músculos, todo junto dentro de una bolsa de piel impermeable. Parece sencillo, pero cada parte de tu cuerpo tiene una función. Sin los huesos, no podrías ponerte de pie. Sin los músculos, ¡no podrías moverte! La mayoría de las partes de tu cuerpo son esenciales para sobrevivir. Todas ellas trabajan juntas para mantenerte con vida, día tras día.

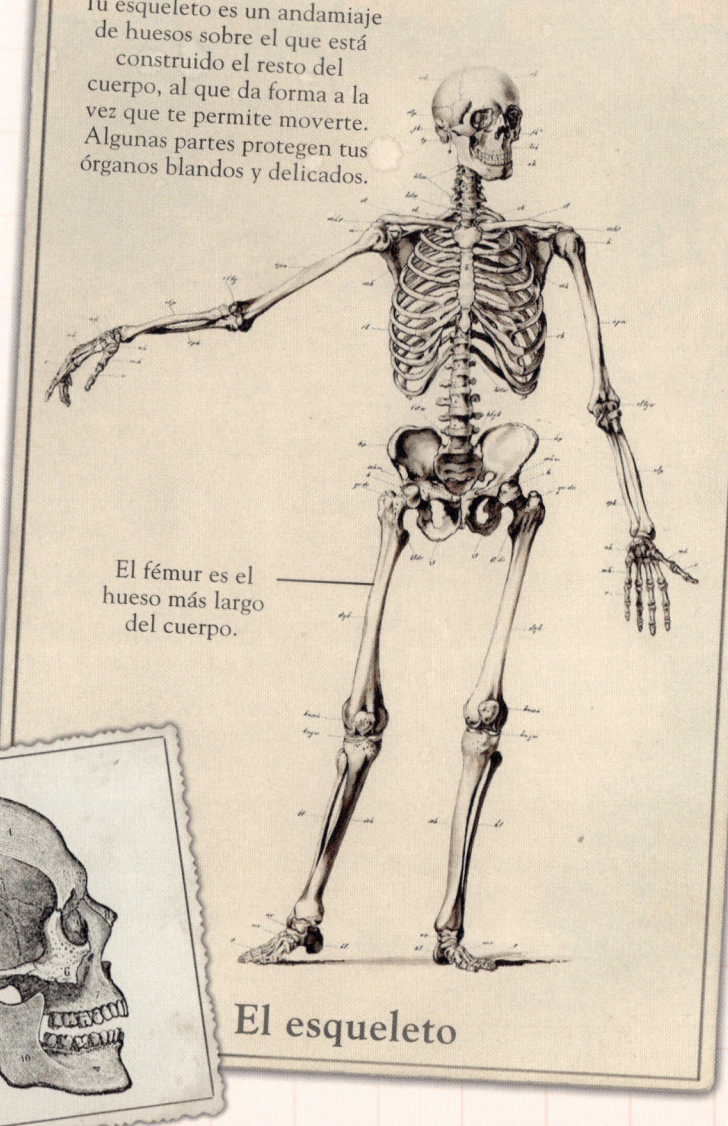

Tu esqueleto es un andamiaje de huesos sobre el que está construido el resto del cuerpo, al que da forma a la vez que te permite moverte. Algunas partes protegen tus órganos blandos y delicados.

El fémur es el hueso más largo del cuerpo.

El esqueleto

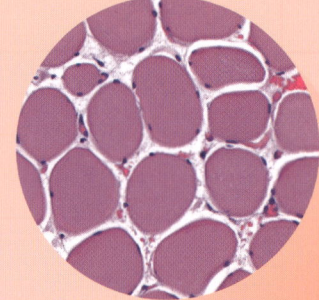

El cráneo protege el cerebro: el centro de control de tu cuerpo.

Cráneo humano

¿DE QUÉ ESTAMOS HECHOS?

En tu cuerpo hay varios sistemas, cada uno de los cuales cumple una función concreta. Estos sistemas se componen de estructuras llamadas órganos, los cuales están hechos de tejidos, que a su vez están formados por células.

LAS CÉLULAS

Las células son las piezas fundamentales más pequeñas de tu cuerpo. Hay muchos tipos distintos de células y cada uno de ellos se especializa en una labor concreta.

LOS TEJIDOS

Las células se agrupan para formar los tejidos. Una vez más, hay distintos tipos de tejidos. Por ejemplo, el tejido muscular se compone de capas de células musculares.

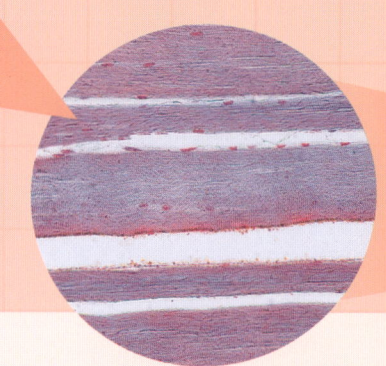

SISTEMAS DEL CUERPO

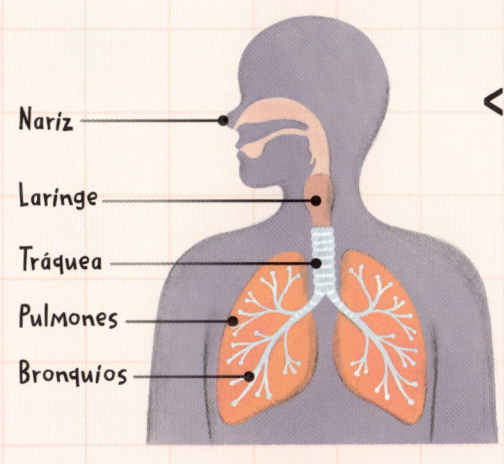

Nariz
Laringe
Tráquea
Pulmones
Bronquios

‹ RESPIRATORIO

Es el sistema que te permite respirar. Los pulmones toman el oxígeno del aire y lo trasladan a la sangre. Luego se exhala el dióxido de carbono, que es un gas residual.

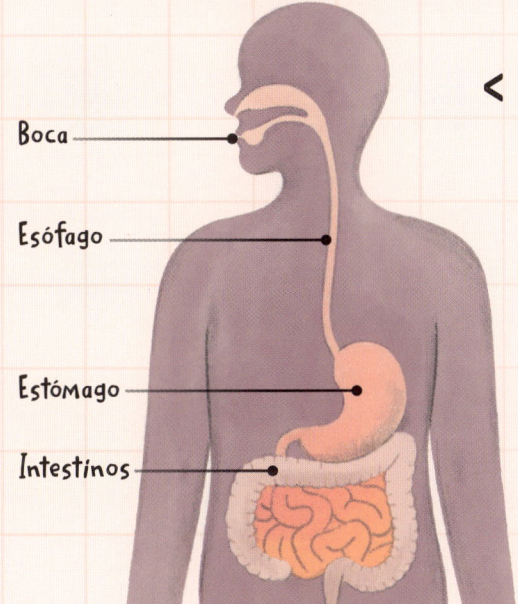

Boca
Esófago
Estómago
Intestinos

‹ DIGESTIVO

La energía y los nutrientes para estar sanos los obtenemos de los alimentos. El sistema digestivo ingiere la comida, la tritura y extrae todos los nutrientes. Una vez extraídos los nutrientes, los residuos alimenticios se expulsan del cuerpo en forma de caca.

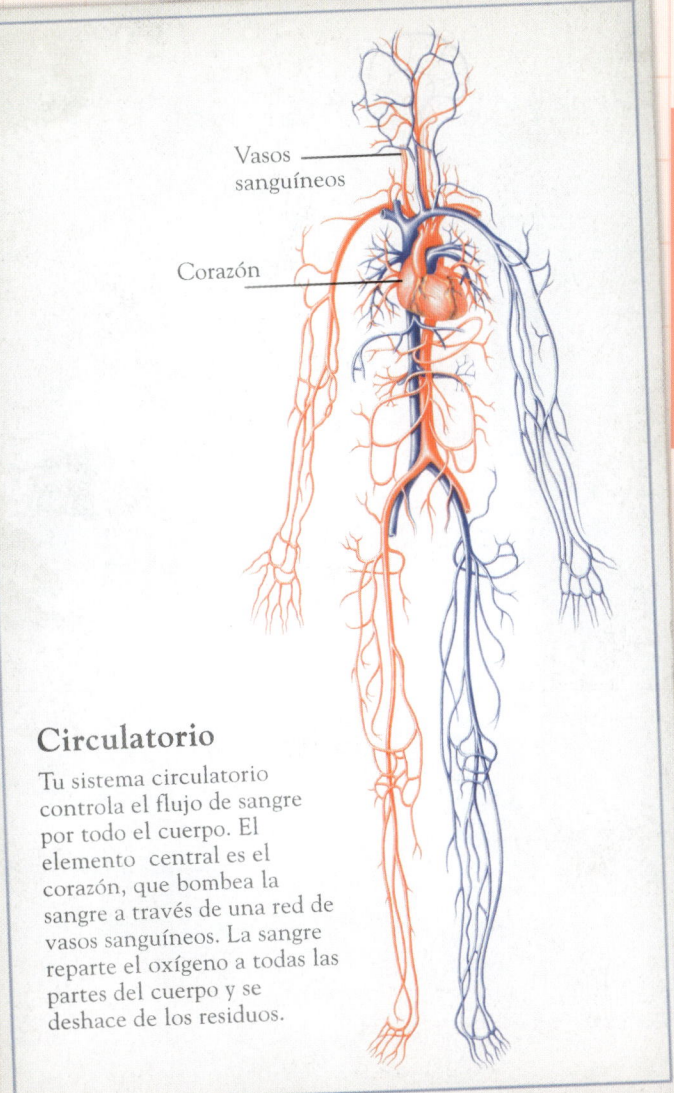

Vasos sanguíneos

Corazón

Circulatorio

Tu sistema circulatorio controla el flujo de sangre por todo el cuerpo. El elemento central es el corazón, que bombea la sangre a través de una red de vasos sanguíneos. La sangre reparte el oxígeno a todas las partes del cuerpo y se deshace de los residuos.

LOS ÓRGANOS

Tus órganos están formados por una combinación de distintos tipos de tejido. Cada órgano cumple una función concreta. Los músculos, por ejemplo, te ayudan a moverte.

EL CUERPO

En tu cuerpo hay once sistemas distintos. Juntos satisfacen todas nuestras necesidades, entre ellas movernos, respirar, comer, pensar y eliminar los residuos.

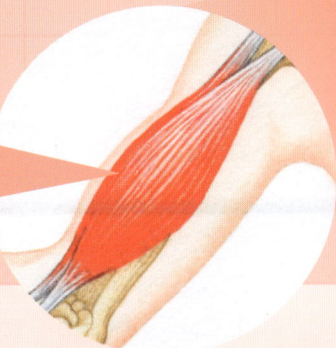

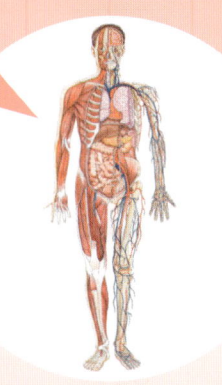

LOS SISTEMAS ORGÁNICOS

Todos los sistemas del cuerpo se componen de órganos que trabajan conjuntamente para desempeñar una función. Los diferentes músculos forman el sistema muscular.

EL CEREBRO

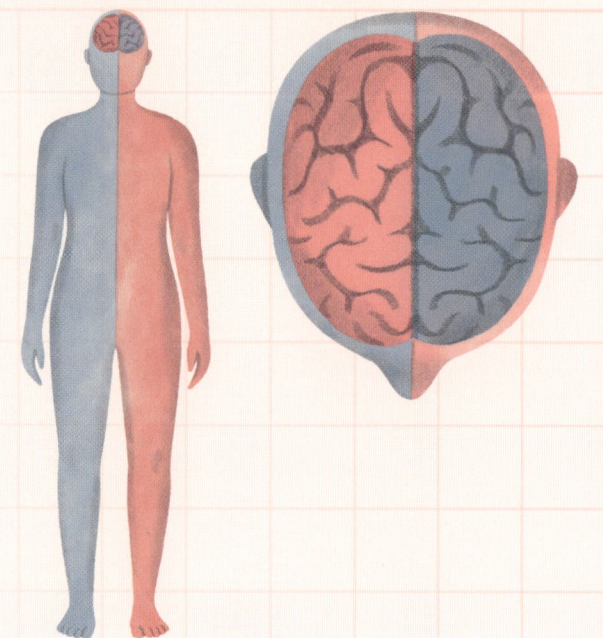

Si te abrieras el cráneo y miraras dentro, te encontrarías el centro de control de todo tu cuerpo: tu cerebro. Todos tus pensamientos se generan aquí. Tus ideas empiezan aquí. Tu cerebro controla tus movimientos y tus latidos. Alberga tus recuerdos y procesa toda la información que recibes del exterior. Tu cerebro trabaja sin descanso, incluso cuando duermes profundamente.

Los hemisferios

El cerebro se divide en dos hemisferios: izquierdo y derecho. La parte izquierda del cerebro controla la parte derecha del cuerpo, mientras que la parte izquierda de este es controlada por la parte derecha del cerebro.

¿Cómo viajan los mensajes por el cerebro?

El cerebro contiene miles de millones de células especializadas llamadas neuronas. Estas células transportan mensajes por todo el cerebro en forma de señales eléctricas. Las dendritas, que están situadas en un extremo de la neurona, envían la señal por toda la célula —a través de una estructura llamada axón— hasta llegar a las sinapsis, que se encuentran en el otro extremo, que se encargan de enviar la señal a la siguiente neurona.

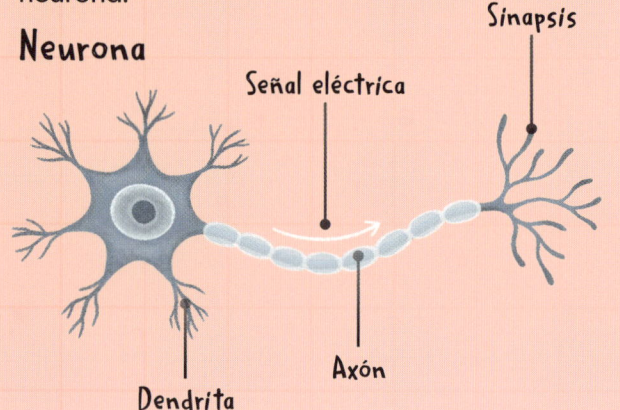

Neurona

Sinapsis

Señal eléctrica

Dendrita

Axón

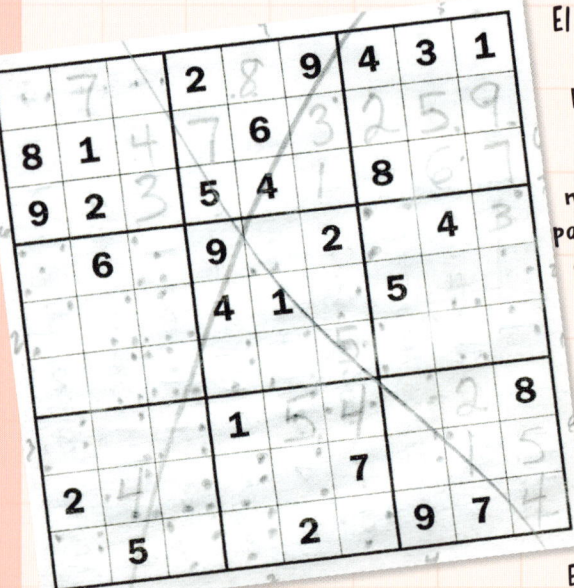

El sudoku y otros rompecabezas pueden ayudar a mejorar la capacidad de nuestro cerebro para llevar a cabo ciertas tareas, como la de recordar.

NEURODIVERSIDAD

Los cerebros de todas las personas no funcionan igual; todos somos distintos. La palabra «neurodiversidad» describe la inmensa variedad de maneras en las que puede funcionar nuestro cerebro.

Este pin, en forma de símbolo de infinito, representa la neurodiversidad.

LAS PARTES DEL CEREBRO

La capa superior del cerebro se llama telencéfalo. Está dividido en zonas llamadas lóbulos, cada uno de los cuales tiene una función distinta en tu cuerpo. El telencéfalo no parece gran cosa —tiene cierta similitud con una nuez grande y carnosa—, pero controla casi todo lo que haces, y utiliza más o menos una quinta parte de la energía que produces.

LEYENDA

- Lóbulo frontal
- Lóbulo parietal
- Lóbulo occipital
- Lóbulo temporal
- Cerebelo

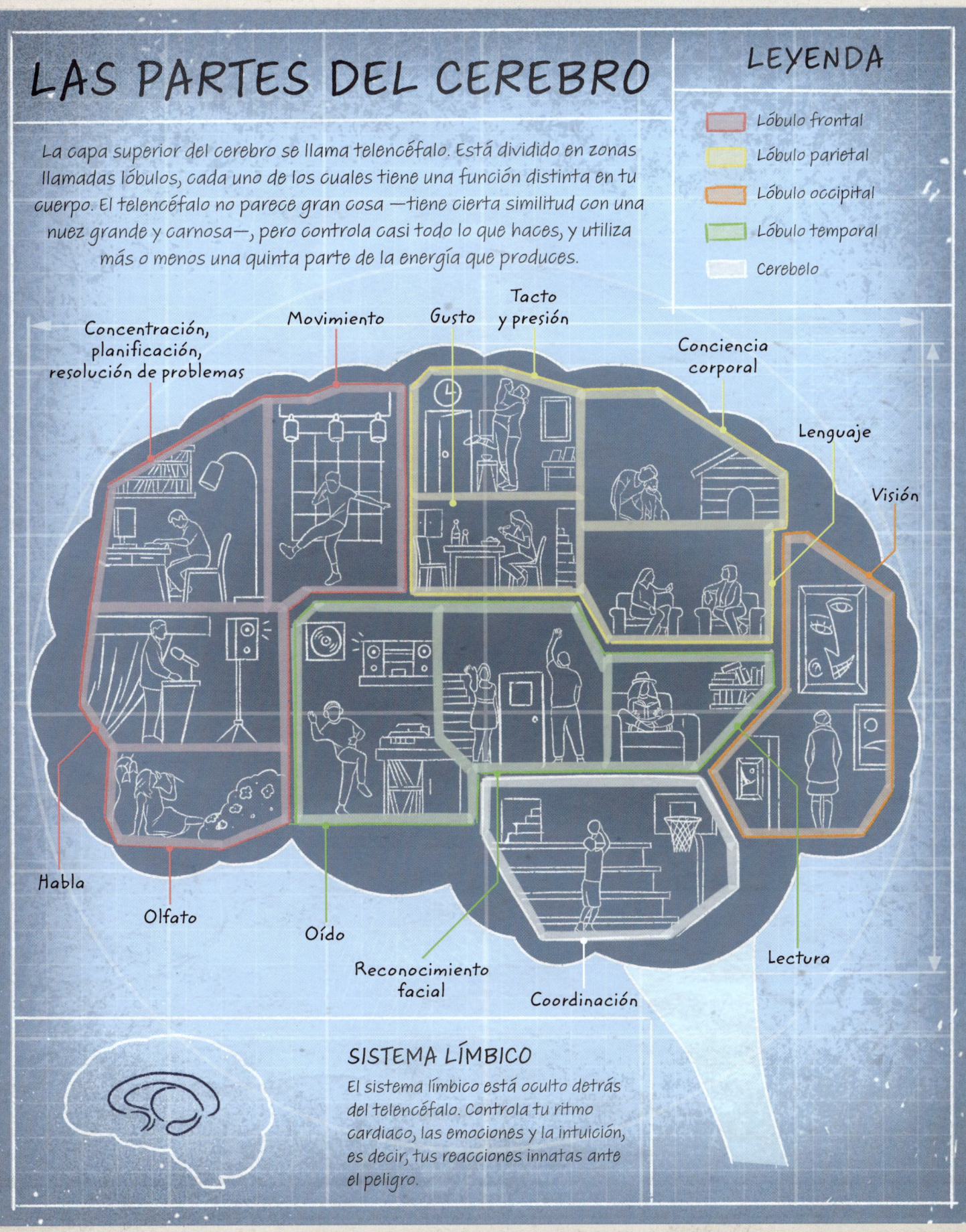

Concentración, planificación, resolución de problemas

Movimiento

Gusto

Tacto y presión

Conciencia corporal

Lenguaje

Visión

Habla

Olfato

Oído

Reconocimiento facial

Coordinación

Lectura

SISTEMA LÍMBICO

El sistema límbico está oculto detrás del telencéfalo. Controla tu ritmo cardiaco, las emociones y la intuición, es decir, tus reacciones innatas ante el peligro.

LAS PANDEMIAS MÁS LETALES DE LA HISTORIA

Los colonizadores europeos trajeron la viruela a las Américas.

Los soldados que viajaron entre continentes a causa de la Primera Guerra Mundial propagaron la gripe española.

RUTAS

La plaga de Justiniano *c.* 541-542
Peste bubónica que se propagó desde Asia o Etiopía por todo el imperio Romano de Oriente y que mató a 25 millones de personas.

La peste negra 1346-1355
Un brote de peste bubónica que se propagó desde Asia hacia Europa y que provocó la muerte de cerca de 50 millones de personas.

La viruela siglo XVI
La viruela era habitual en Europa. Viajó por todo el mundo, matando a todos aquellos que no habían estado expuestos a ella.

La gripe española 1918-1920
Este brote de gripe se propagó desde Estados Unidos hasta Europa y causó la muerte de entre 20 y 50 millones de personas.

La gripe se propaga a través de gotitas en el aire al toser y al estornudar.

Las pandemias se extienden por vías de comunicación muy transitadas, como las rutas comerciales.

La viruela puede contagiarse al toser y estornudar cerca de otra persona.

TARJETA DE EMBARQUE

COVID-19

Pasajero	COVID 19
Portador	Humano
A	Todo el mundo
Año	2019
Mes	Diciembre

Al brote mundial de una enfermedad se le llama pandemia. Los viajes en avión nos permiten cruzar el mundo rápidamente, pero nos llevamos nuestros gérmenes con nosotros. El brote de COVID–19 comenzó en China en diciembre de 2019. Pocos meses después, en marzo de 2020, fue declarada la pandemia.

La peste bubónica la transmitieron las pulgas que vivían en las ratas.

El brote de gripe española mató a más gente que la Primera Guerra Mundial.

La gripe española llegó a Nueva Zelanda en 1918.

LA EPIDEMIOLOGÍA

Muchas enfermedades se propagan por el mundo a través de diminutos microorganismos conocidos como gérmenes. Estos viajan de persona en persona y de lugar en lugar, e infectan a nuevos sujetos con sus enfermedades. El estudio de la propagación de estas enfermedades se llama epidemiología.

CÓMO SE PROPAGAN LAS ENFERMEDADES

LEYENDA — INFECTADO — SANO

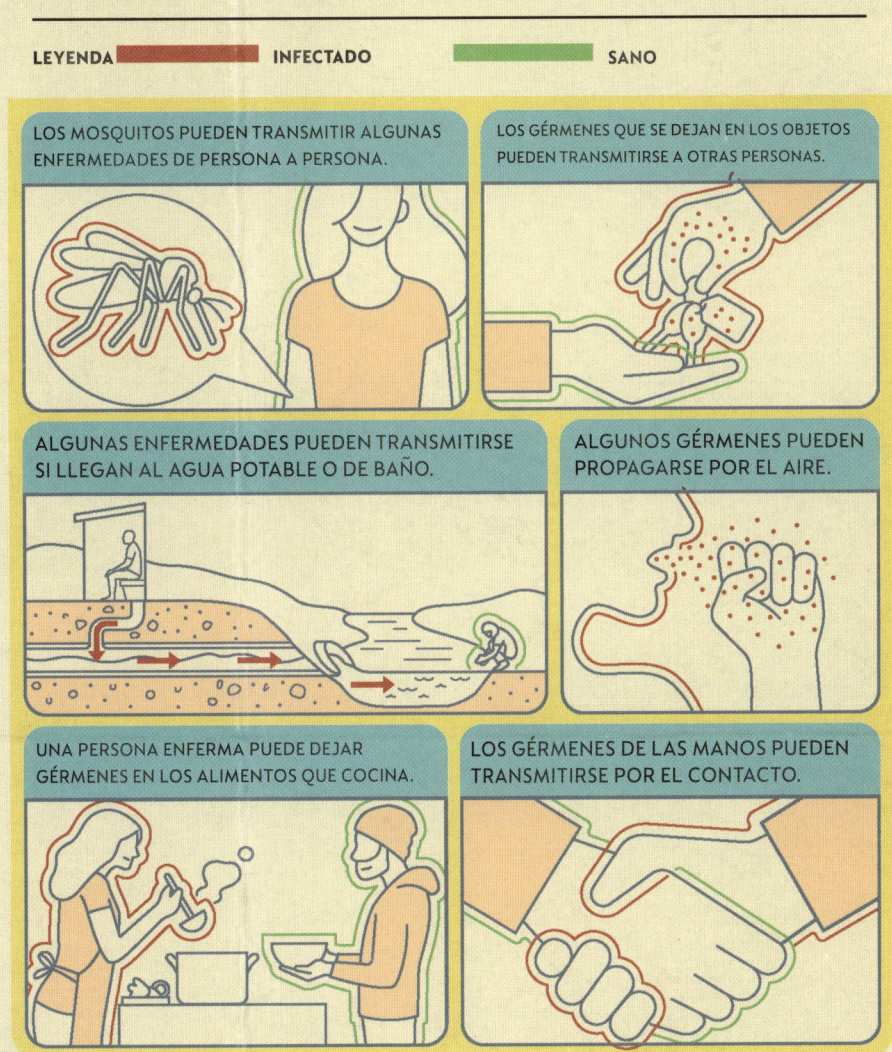

LOS MOSQUITOS PUEDEN TRANSMITIR ALGUNAS ENFERMEDADES DE PERSONA A PERSONA.

LOS GÉRMENES QUE SE DEJAN EN LOS OBJETOS PUEDEN TRANSMITIRSE A OTRAS PERSONAS.

ALGUNAS ENFERMEDADES PUEDEN TRANSMITIRSE SI LLEGAN AL AGUA POTABLE O DE BAÑO.

ALGUNOS GÉRMENES PUEDEN PROPAGARSE POR EL AIRE.

UNA PERSONA ENFERMA PUEDE DEJAR GÉRMENES EN LOS ALIMENTOS QUE COCINA.

LOS GÉRMENES DE LAS MANOS PUEDEN TRANSMITIRSE POR EL CONTACTO.

Detener la propagación

Para combatir una pandemia, intentamos evitar que las enfermedades viajen. Algunas acciones dificultan que los gérmenes pasen de una persona a otra.

Lavarse las manos

Mantener las distancias con los demás

Evitar tocarse los ojos, la nariz y la boca

LLANTA

La llanta de la rueda es un círculo perfecto, diseñado para rodar por el suelo de la manera más suave posible.

RADIO

Unos cuantos radios unen el centro de la rueda con la llanta y refuerzan la estructura.

EJE

El eje es una barra recta que conecta dos ruedas entre ellas y permite que giren.

1500 a.C.

Reloj de sol

La Tierra rota una vez al día, dando la impresión de que el Sol se mueve por el cielo. A medida que la posición del Sol varía, proyecta una sombra en movimiento por detrás de los objetos inmóviles. Los relojes de sol usaban estas sombras para controlar el tiempo con una gran precisión.

GNOMON

Es la parte central del reloj de sol, que se eleva por encima de la esfera plana. Proyecta una sombra sobre la esfera.

ESFERA

A esta cara circular se la llama esfera.

4200-4000 a.C.

La rueda

Antes de la rueda, las cosas solo se podían transportar o arrastrar con dificultad. Las ruedas trajeron nuevas formas de transporte, como los carros, que permitieron que las personas y las mercancías pudieran recorrer largas distancias con más facilidad.

SOMBRA DEL GNOMON

La sombra del gnomon se desplaza por la esfera a medida que el Sol lo hace por el espacio durante el transcurso de un día.

LÍNEA HORA

Estas marcas en la esfera señalan la hora qué es cuando la sombra del gnomon cae sobre ella

Los inventos

Durante miles de años, la gente ha intentado idear maneras de hacer que nuestra vida fuera más fácil... ¡o simplemente más divertida! Algunos inventos suponen cambios insignificantes, otros sin embargo transforman el mundo por completo. Aquí tienes un puñado de inventos que cambiaron el mundo a lo largo de la historia.

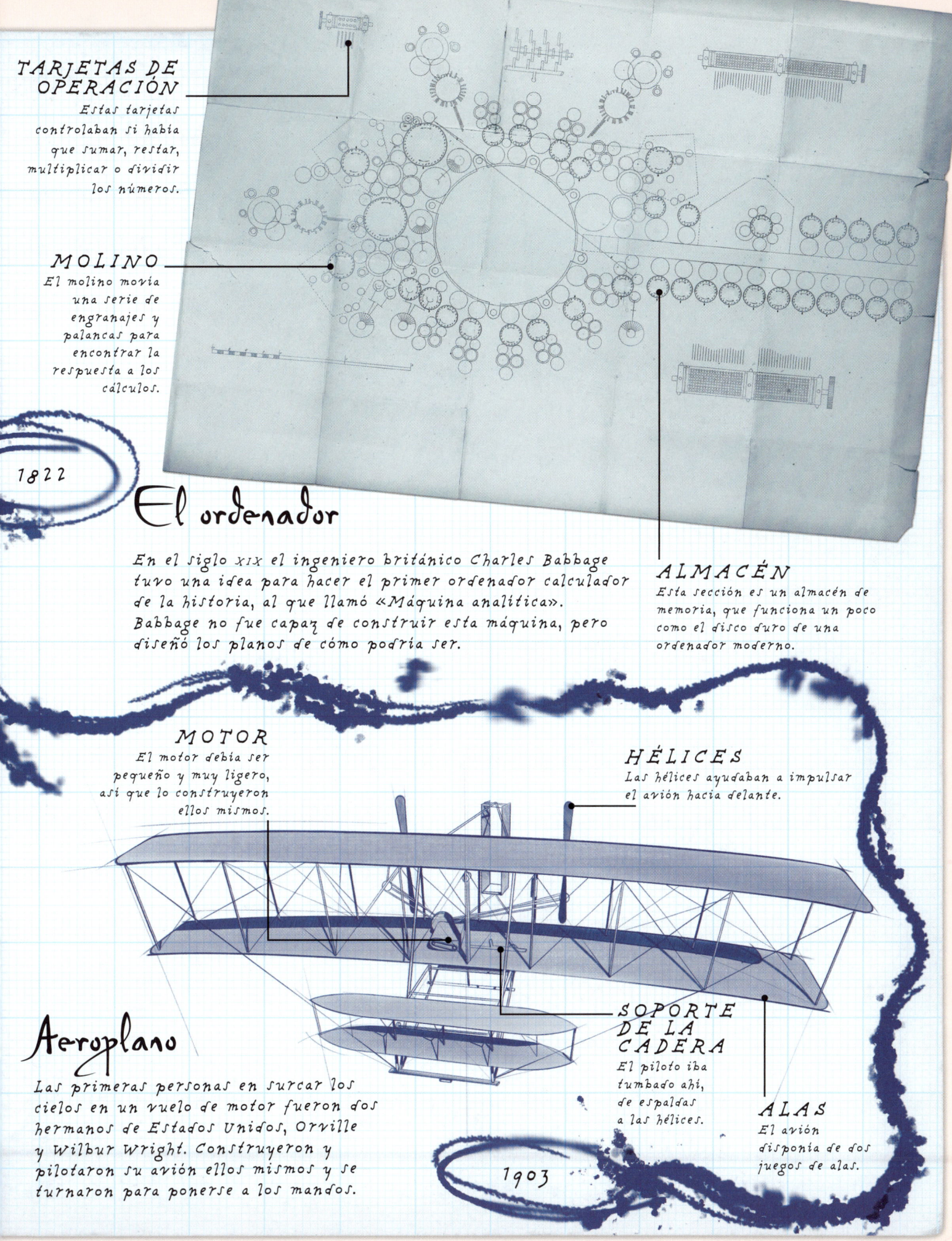

TARJETAS DE OPERACIÓN

Estas tarjetas controlaban si había que sumar, restar, multiplicar o dividir los números.

MOLINO

El molino movía una serie de engranajes y palancas para encontrar la respuesta a los cálculos.

1822

El ordenador

En el siglo XIX el ingeniero británico Charles Babbage tuvo una idea para hacer el primer ordenador calculador de la historia, al que llamó «Máquina analítica». Babbage no fue capaz de construir esta máquina, pero diseñó los planos de cómo podría ser.

ALMACÉN

Esta sección es un almacén de memoria, que funciona un poco como el disco duro de una ordenador moderno.

MOTOR

El motor debía ser pequeño y muy ligero, así que lo construyeron ellos mismos.

HÉLICES

Las hélices ayudaban a impulsar el avión hacia delante.

Aeroplano

Las primeras personas en surcar los cielos en un vuelo de motor fueron dos hermanos de Estados Unidos, Orville y Wilbur Wright. Construyeron y pilotaron su avión ellos mismos y se turnaron para ponerse a los mandos.

SOPORTE DE LA CADERA

El piloto iba tumbado ahí, de espaldas a las hélices.

ALAS

El avión disponía de dos juegos de alas.

1903

EL TRANSPORTE

El ser humano ha inventado multitud de maneras de desplazarse. Muchas de las formas de transporte rodado que usamos hoy en día dependen del motor de combustión interna, que va dentro del vehículo y funciona quemando pequeñas cantidades de combustible para provocar una serie de minúsculas explosiones. Esta acción pone en marcha un eje, que hace girar las ruedas e impulsa el vehículo hacia delante.

UBICACIÓN DEL MOTOR

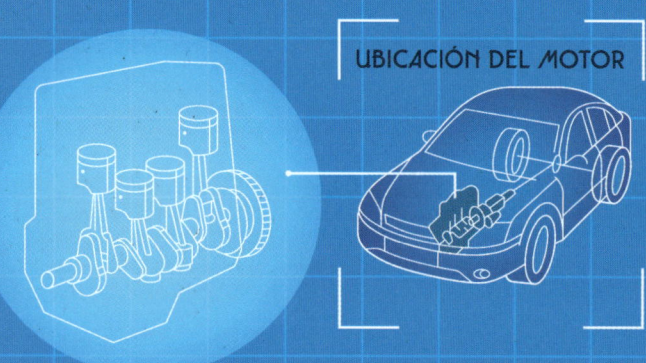

CRONOLOGÍA

Al mismo tiempo que se iban descubriendo o fabricando nuevos materiales y se desarrollaban nuevas tecnologías, el transporte también iba evolucionando. Aquí tienes unos cuantos ejemplos de nuevos modos de transporte surgidos a lo largo del tiempo.

8200 A. C.
Se construyen las primeras barcas hechas de troncos. Este tipo de embarcación se llama piragua.

3500 A. C.
La invención de la rueda dio paso a los carros, que podían transportar personas y mercancías más fácilmente.

1769
El coche de vapor de Nicolas-Joseph Cugnot se movía a la velocidad de una persona caminando.

1804
La primera locomotora de vapor tenía un motor que funcionaba con carbón sólido.

Mapa de un motor de combustión

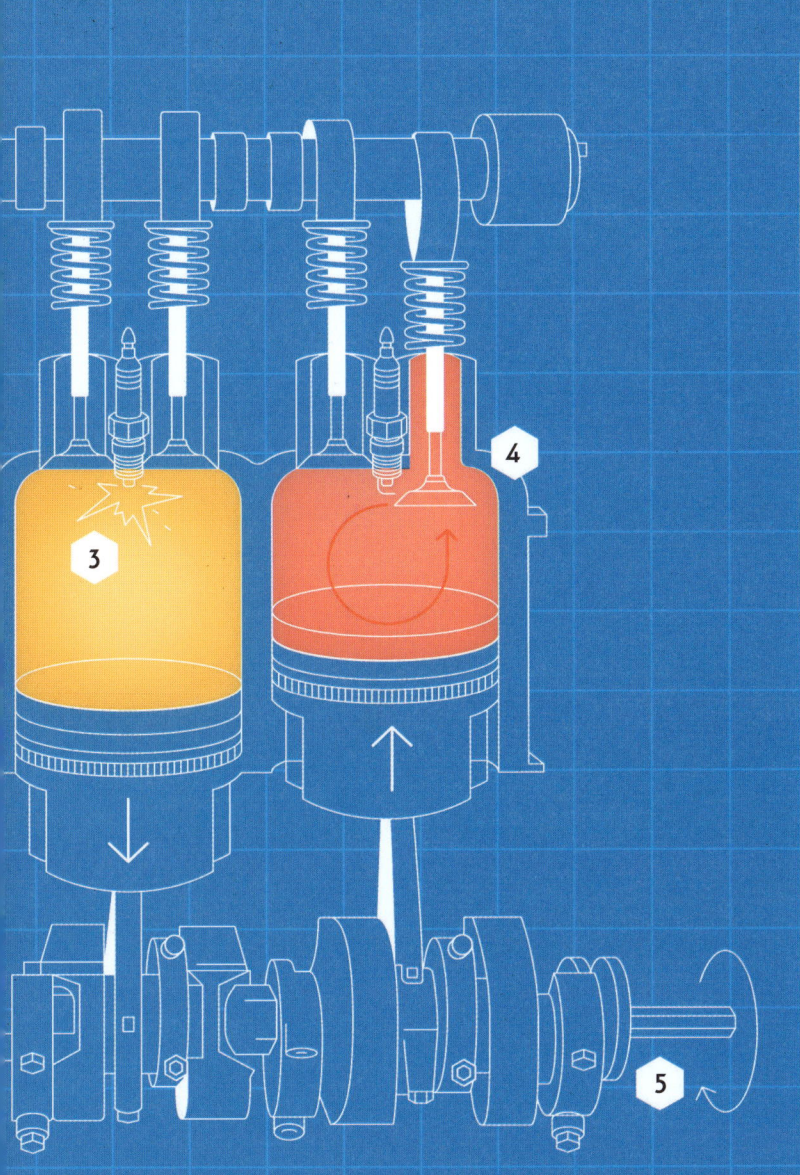

MOTOR DE COMBUSTIÓN

 1

VÁLVULA DE ADMISIÓN

A medida que el pistón se mueve hacia abajo, aspira una mezcla de combustible y aire a través de una válvula.

2

PISTÓN

Muchos motores cuentan con cuatro, seis u ocho pistones. En todos ellos, se produce la misma secuencia de manera alternativa.

 3

BUJÍA

Cuando el pistón llega arriba del todo, una chispa enciende el combustible. El estallido hace bajar de nuevo el pistón.

4

VÁLVULA DE ESCAPE

El pistón expulsa los gases del combustible quemado a través de la válvula de escape.

 5

CIGÜEÑAL

El movimiento ascendente y descendente de los pistones hace girar el cigüeñal, que a su vez mueve las ruedas.

COMBUSTIBLE

El combustible, como el diésel o la gasolina, proporciona la energía necesaria para que se produzca la reacción química.

AIRE

Una reacción necesita oxígeno para arder. Aquí el oxígeno lo proporciona el aire que entra en el interior del motor.

RESIDUOS

Los residuos de la reacción son gases, como el vapor o el dióxido de carbono.

1808
François Isaac de Rivaz inventó el primer motor de combustión interna.

1817
Karl von Drais creó una precursora de la bicicleta que no tenía pedales.

1888
El primer vehículo eléctrico funcionaba con una enorme y pesada batería.

1903
Los hermanos Wright concibieron el primer aeroplano funcional.

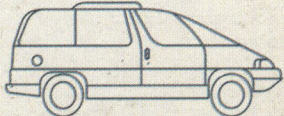

1995
El primer vehículo sin conductor fue el Navlab5, que viajó sin conductor desde Pittsburgh a San Diego en Estados Unidos.

LA EVOLUCIÓN DE INTERNET

1969, CALIFORNIA

Empieza a operar ARPANET, la primera red de internet.

1971, MASSACHUSET

Se envía el primer corr electrónico.

INTERNET EN TODAS PARTES

Las redes de información electrónica se han desarrollado a gran velocidad durante los últimos cincuenta años más o menos. Las primeras redes conectaban dispositivos que estaban a corta distancia. Ahora, los cables submarinos conectan los servidores con usuarios de internet de otros continentes. Los dispositivos también pueden conectarse a internet sin cables, vía satélite. Este mapa muestra el porcentaje de población de cada país que utiliza internet en la época actual.

LEYENDA

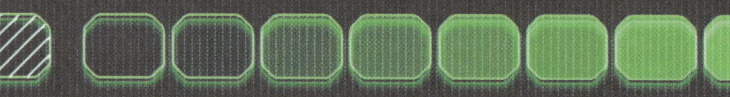

Sin datos	0%	10%	20%	30%	40%	50%	60%	70%	80%	90%	100%

¿QUÉ SERÁ LO SIGUIENTE?

La realidad virtual ya nos permite acceder a entornos digitales alojados en internet, como el metaverso. Es posible que con el tiempo acaben siendo más populares.

2007, ESTONIA
Por primera vez se utiliza internet para votar en unas elecciones.

2007, CALIFORNIA

Se inventa el iPhone.

¿Cómo funciona internet?

La información de una página web se almacena en unas máquinas llamadas servidores. Cualquier cosa que le preguntemos a un dispositivo se envía al servidor, que nos devuelve la respuesta. A menudo, esto se hace a través de un rúter que tenemos en casa: nuestros ordenadores se conectan al rúter, que a su vez se conecta al servidor.

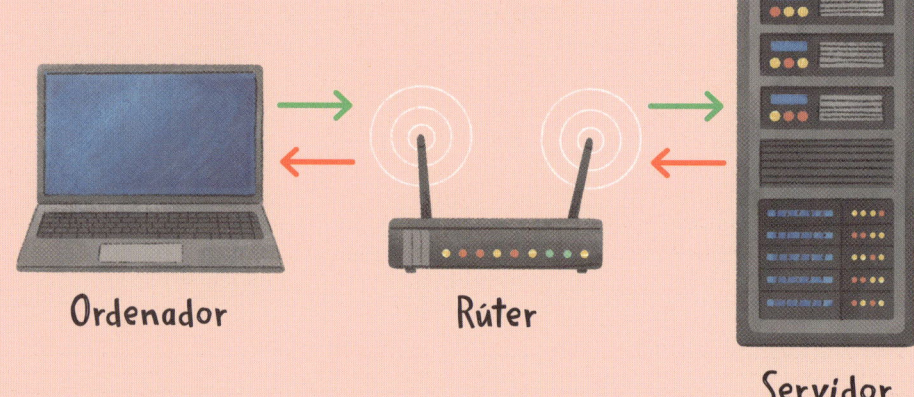

Ordenador   Rúter   Servidor

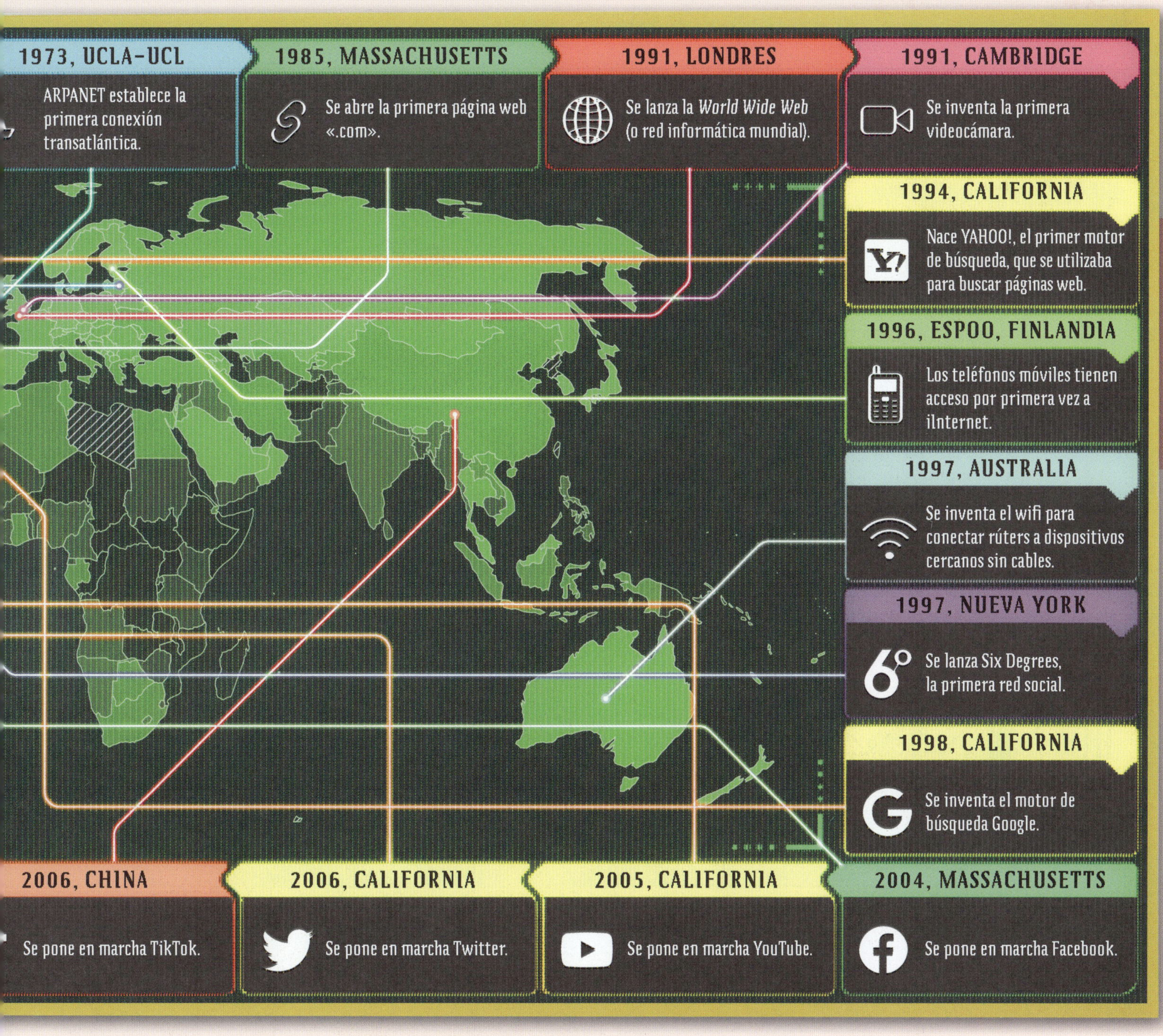

1973, UCLA–UCL

ARPANET establece la primera conexión transatlántica.

1985, MASSACHUSETTS

Se abre la primera página web «.com».

1991, LONDRES

Se lanza la *World Wide Web* (o red informática mundial).

1991, CAMBRIDGE

Se inventa la primera videocámara.

1994, CALIFORNIA

Nace YAHOO!, el primer motor de búsqueda, que se utilizaba para buscar páginas web.

1996, ESPOO, FINLANDIA

Los teléfonos móviles tienen acceso por primera vez a iInternet.

1997, AUSTRALIA

Se inventa el wifi para conectar rúters a dispositivos cercanos sin cables.

1997, NUEVA YORK

Se lanza Six Degrees, la primera red social.

1998, CALIFORNIA

Se inventa el motor de búsqueda Google.

2006, CHINA

Se pone en marcha TikTok.

2006, CALIFORNIA

Se pone en marcha Twitter.

2005, CALIFORNIA

Se pone en marcha YouTube.

2004, MASSACHUSETTS

Se pone en marcha Facebook.

CIBERPROBLEMAS

En internet pueden compartirse tanto cosas buenas como malas. Nuestros ordenadores pueden «infectarse» con virus transmitidos por internet, y los piratas informáticos pueden utilizar internet para controlar nuestros dispositivos.

INTERNET

Nuestros smartphones, tabletas, portátiles y ordenadores de sobremesa están todos conectados a una enorme red: internet. Internet nos permite enviar y recibir información a la velocidad de la luz. Se utiliza en los hogares, en las empresas y en instituciones como los centros educativos. ¡Si no lo tuviéramos nos quedaríamos todos bloqueados! Hoy en día, casi todo lo que hacemos en un ordenador funciona a través de la red. Podemos enviar mensajes a amigos, comprar, ver vídeos, jugar e incluso enviar los deberes.

CAPÍTULO 3
LA TIERRA

Nuestro planeta ha existido desde hace 4500 millones de años. Se ha alterado y ha evolucionado durante toda su existencia, y ha pasado de ser una masa de metal y roca caliente a convertirse en un planeta estable con agua, tierra y una capa protectora de gases llamada atmósfera. Actualmente, la superficie de la Tierra es un mosaico de distintos hábitats. Tiene montañas, océanos, bosques y, por supuesto, un montón de seres humanos. La actividad humana ha cambiado para siempre nuestro planeta; hemos ocupado la mayor parte del mismo, construyendo ciudades y cultivando la tierra. Los seres humanos no somos la especie más numerosa del planeta, pero sí la que tiene mayor influencia sobre lo que ocurre en cada lugar.

LAS ROCAS Y LOS MINERALES

Si pudieras ver lo que hay bajo la hierba y la tierra que pisas, descubrirías que el suelo está hecho de roca sólida. Esta roca no es toda igual, sino que se presenta en una amplia variedad de formas, colores y texturas. Las rocas pueden formarse a gran profundidad o a partir de erupciones volcánicas, y con el tiempo se transforman en otros tipos de rocas.

¿Qué es una roca?

Las rocas son sustancias sólidas que se encuentran en la naturaleza. Están compuestas de una mezcla de otras sustancias naturales llamadas minerales. Según cómo se formen, se pueden dividir en tres grupos distintos: sedimentarias, ígneas y metamórficas.

El mármol es una roca metamórfica.

EJEMPLARES DE ROCA ÍGNEA

OBSIDIANA

BASALTO

PIEDRA PÓMEZ

ESCORIA

GRANITO

GABRO

EL CICLO DE LA ROCA

Del mismo modo que los animales sufren una metamorfosis, las rocas son parte de un ciclo de cambio. Se forman, se desgastan y se vuelven a formar. A este proceso constante de cambio se le conoce como el ciclo de la roca. Una roca puede tardar millones de años en cambiar de forma.

GEMAS

Estos minerales se pueden cortar y pulir para crear joyas. A veces se forman en el interior de grietas cerca de cámaras magmáticas, cuando los líquidos y los gases calientes se enfrían y se solidifican.

TIPOS DE ROCAS / PROCESOS

ROCA ÍGNEA

Roca líquida caliente —llamada lava si está por encima del suelo y magma si está por debajo— que se enfría y se solidifica en forma de roca ígnea.

DESGASTE

El agua y el viento desgastan lentamente las rocas, arrancándoles pedacitos.

EJEMPLARES DE GEMAS

ESMERALDA

RUBÍ

ZAFIRO

TOPACIO

AGUAMARINA

¿Qué es un mineral?

Un mineral es una sustancia natural compuesta tan solo por ella misma, sin ninguna otra sustancia mezclada. La estructura de los minerales es cristalina, aunque en muchos de ellos esto solo puede observarse con un microscopio.

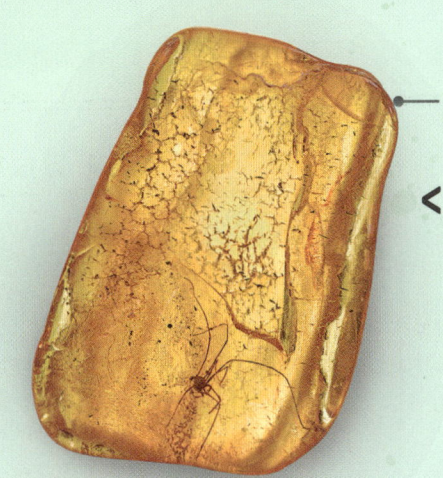

En este ámbar se conserva una araña.

La turquesa puede ser azul o verde.

< ROCA VIVA

El ámbar es resina fosilizada de árboles. En su día fue líquida y pegajosa, pero se solidificó a lo largo de millones de años. A veces, en su interior pueden verse pequeños bichitos que quedaron atrapados.

BRECHA

TIZA

CRETA

CHERT

CALICHE

CARBÓN

EJEMPLARES DE ROCA SEDIMENTARIA

ROCA SEDIMENTARIA

Esta roca se forma cuando pequeños fragmentos de lodo, de arena o de esqueletos de animales marinos quedan fuertemente aplastados los unos contra los otros.

→ **APLASTAMIENTO**

A medida que se acumulan el lodo y la arena, se hace más pesada y aplasta las capas inferiores.

ROCA METAMÓRFICA

En las profundidades del subsuelo, un calor y una presión enormes pueden transformar la roca ígnea y sedimentaria en roca metamórfica.

→ **CALENTAMIENTO**

Si la roca se calienta lo suficiente, se derretirá y se licuará.

MÁRMOL

ANTRACITA

GNEIS

CORNEANA

MARIPOSITA

SERPENTINA

EJEMPLARES DE ROCA METAMÓRFICA

Un mapa del ciclo de la roca

LOS FÓSILES

La mayor parte de las especies de plantas y de animales que han vivido en la Tierra ya se han extinguido. ¿Cómo lo sabemos? Bueno, hemos descubierto sus restos y rastros de su vida, como huellas de pisadas, en forma de fósiles. Estas rocas nos permiten echar un vistazo a los seres vivos que habitaron en nuestro planeta mucho antes que nosotros. Los que se han convertido en fósiles abarcan una amplia variedad, desde crustáceos hasta dinosaurios impresionantes. Algunos fósiles de aspecto familiar son los antepasados de los animales actuales, y pueden contarnos cómo se transformaron a lo largo del tiempo.

¿Qué son los fósiles?

Los fósiles son rocas formadas a partir de restos y vestigios de seres vivos. Nos ayudan a averiguar qué aspecto tenían los animales antiguos..., pero no siempre nos cuentan la historia completa. A menudo, solo se conservan los huesos, porque no suelen pudrirse y tampoco se los comían los carroñeros.

Megalosaurus

ENCONTRAR FÓSILES

Se han encontrado fósiles por todo el mundo, incluso en desiertos inhóspitos como la Antártida. Aquí tienes unos cuantos ejemplos.

CUERPOS FÓSILES

Estos son los restos de partes reales de una planta o del cuerpo de un animal. Entre ellos hay huesos, conchas, plumas, madera y hojas.

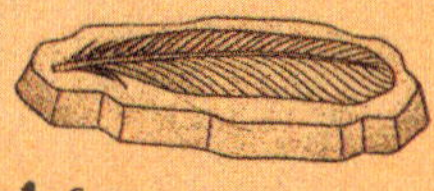

1. Se cree que la primera pluma fosilizada hallada perteneció a un Archaeopteryx.

4. Estas hojas de *Glossopteris* nos muestran que en algún momento la Antártida tuvo un clima cálido y tropical.

5. Esta era Lucy, el esqueleto más completo de un antepasado humano que se había descubierto.

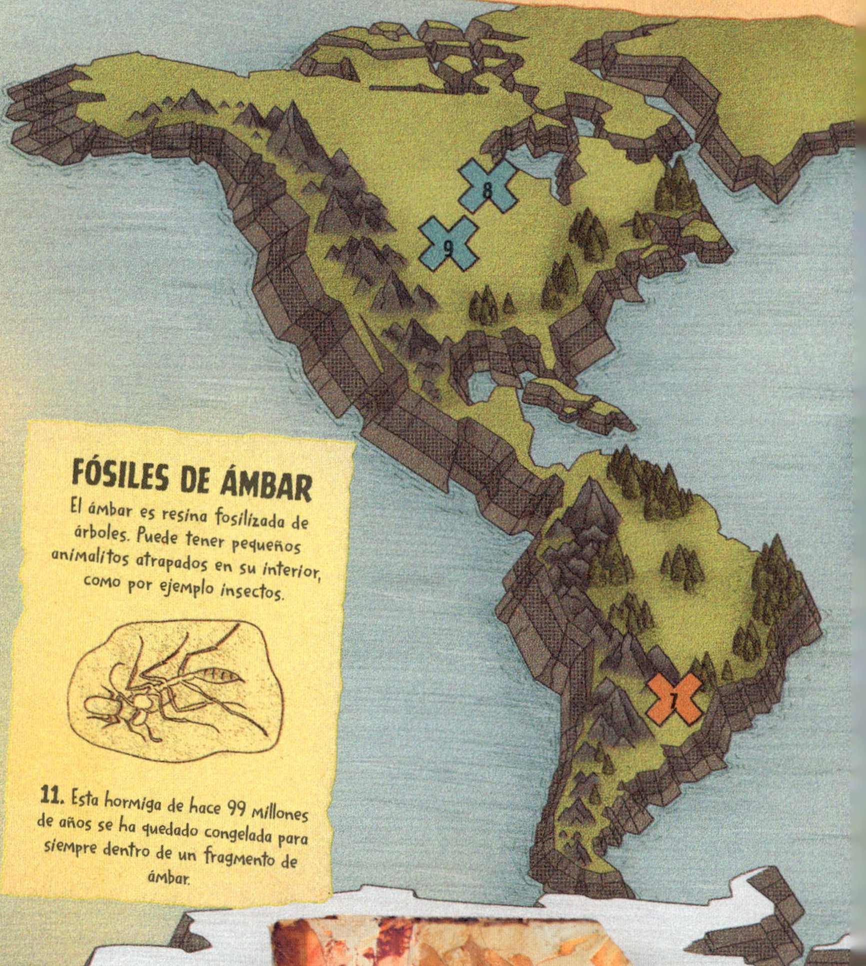

FÓSILES DE ÁMBAR

El ámbar es resina fosilizada de árboles. Puede tener pequeños animalitos atrapados en su interior, como por ejemplo insectos.

11. Esta hormiga de hace 99 millones de años se ha quedado congelada para siempre dentro de un fragmento de ámbar.

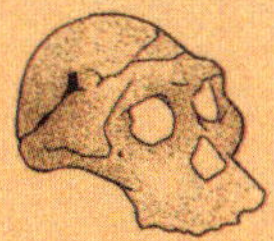

CÓMO SE FORMAN LOS FÓSILES

Solo una pequeña parte de los seres vivos se convierten en fósiles, porque la fosilización se produce únicamente en unas circunstancias muy concretas. Veamos cómo funciona:

Para poder fosilizarse, un ser vivo tiene que morir cerca o dentro del agua.

Las capas de lodo y arena recubren el cuerpo, y aumentan su peso y la presión sobre él.

Los minerales del agua se infiltran en los huesos y poco a poco los transforman en piedra.

Millones de años después, puede que la tierra se desgaste y deje a la vista el fósil.

---

2. Este cráneo de hace 2,3 millones de años es el fósil humano más antiguo descubierto hasta la fecha.

3. Enterrado en el jardín de una familia en Inglaterra, se calculó que este amonites tenía 65 millones de años.

6. En este fósil se conservó una pelea entre un *Velociraptor* y un *Protoceratops*.

7. Diego Suárez, de siete años, descubrió este extraño dinosaurio con pico en 2004.

HUELLAS FÓSILES

Son fósiles de actividades animales, como rastros, nidos e incluso caca. Nos enseñan cómo se comportaban los animales.

8. Este enorme coprolito (caca fosilizada) perteneció a un *Tyrannosaurus rex* y nos cuenta lo que comió.

9. Este nido de crías de *Maiasaura* nos muestra que algunos dinosaurios cuidaban de sus pequeños.

10. Estas huellas de pisadas fósiles nos muestran que muchos dinosaurios pequeños corrían en la misma dirección.

LOS BIOMAS

La Tierra no tiene ni el mismo aspecto ni el mismo clima en todas partes; algunos lugares son cálidos, otros fríos, algunos tienen árboles, otros no, etcétera. Las regiones que comparten el mismo clima (temperatura y humedad) y que albergan grupos parecidos de plantas y de animales reciben el nombre de biomas. El territorio terrestre se divide en varios biomas distintos, y existen otros muchos ocultos a la vista, bajo el agua.

El desierto
Lo más característico del desierto es su extrema aridez. Los desiertos pueden ser cálidos o fríos. En todos ellos hay menos de 25 cm² de lluvia al año.

Desierto del Sáhara

Los Andes

La montaña
A gran altura del suelo, hace frío y viento. También hay menos oxígeno para respirar que a nivel de suelo. A distintas alturas se pueden hallar diferentes grupos de plantas y de animales.

El bosque templado
Estos bosques tienen estaciones, es decir, son distintos en primavera, en verano, en otoño y en invierno. Muchos de estos árboles son caducifolios, lo cual significa que pierden las hojas en otoño.

Vermont

La tundra
La tundra es una extensión de tierra congelada y sin árboles. Aquí pueden encontrarse más animales de los esperados, como los osos polares, los zorros, las liebres y los caribús.

La tundra de Norteamérica

La taiga rusa

El bosque boreal
En un bosque boreal hay principalmente coníferas, árboles con hojas en forma de aguja que no se caen en invierno. Aquí los inviernos son largos, mientras que los veranos son bastante cortos.

Estepa euroasiática

Pastizales

En estas llanuras onduladas hay mucha hierba, pero pocos árboles. Albergan animales excavadores y herbívoros, así como a los depredadores que les dan caza.

Polar

Estas regiones heladas son el bioma más frío, con hielo y nieve durante todo el año. Hay muy pocas plantas y animales que sean capaces de vivir aquí, aunque unas cuantas criaturas resistentes se han adaptado a las complicadas condiciones.

La Antártida

Mediterráneo

Este bioma se da en zonas de costa. En verano hace calor, pero es frío y húmedo en invierno. La tierra suele tener un aspecto seco, y tiene más arbustos que plantas verdes y frondosas.

Matorral mediterráneo

Selva amazónica

Bosque tropical

Estos bosques son cálidos y húmedos durante todo el año, y en ellos llueve abundantemente. Albergan más tipos de plantas y de animales que cualquier otro bioma terrestre.

¿DÓNDE VA CADA UNO?

Los distintos biomas se dan en diferentes lugares de todo el mundo, según el calor o el frío que haga en cada zona y cuánto llueva. En los polos terrestres (en la parte superior e inferior de la Tierra) hace un frío glacial y en la zona central la temperatura es más cálida.

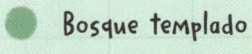
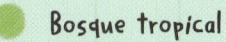
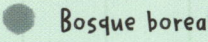

- Bosque templado
- Bosque tropical
- Bosque boreal
- Matorral mediterráneo
- Desierto y matorral seco
- Tundra ártica
- Polar
- Pastizales
- Montaña

LOS BOSQUES

Nuestro planeta alberga miles de millones de árboles, que crecen juntos en grupos llamados bosques. Los bosques producen el oxígeno que necesitamos para respirar y ayudan a ralentizar el cambio climático al absorber el dióxido de carbono. ¡Son lugares mágicos!

No todos los bosques son iguales. Hay tres tipos principales, que crecen en diferentes zonas. En los bosques podemos encontrar otros tipos de plantas junto a los árboles, y muchos tipos distintos de animales dependen de ellos para conseguir alimento y refugio.

¿Dónde se encuentra cada bosque?

Los bosques crecen en distintos lugares dependiendo del clima, del calor que haga y de cuánto llueva. Los bosques templados son característicos de lugares con temperaturas suaves. Los bosques boreales crecen cerca de las zonas polares, donde hace mucho frío. Y los bosques tropicales se encuentran en zonas cálidas cerca del ecuador terrestre, pero solo donde llueve mucho.

- ● Boreal
- ● Templado
- ● Tropical

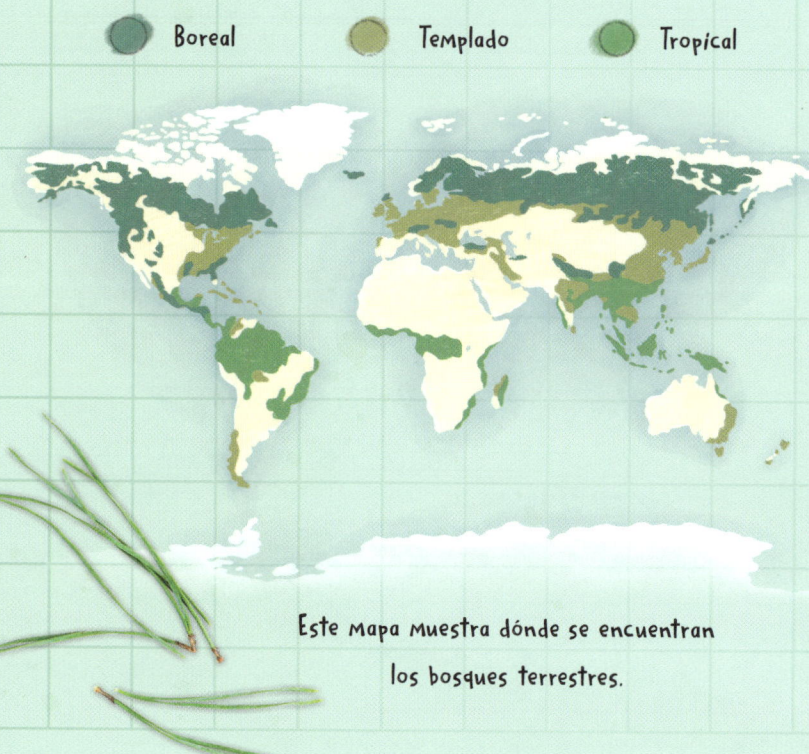

Este mapa muestra dónde se encuentran los bosques terrestres.

TIPOS DE BOSQUE

BOSQUES TEMPLADOS

Los árboles caducifolios conforman este tipo de bosque. Son árboles de hojas anchas y planas que en otoño se vuelven marrones y en invierno se caen, para volver a brotar en primavera.

BOSQUES BOREALES

Los árboles de los bosques boreales son coníferas, que durante todo el año tienen unas hojas finas en forma de aguja. A los árboles a los que no se les caen las hojas a veces los llamamos «de hoja perenne».

BOSQUES TROPICALES

También conocidos como selvas tropicales, estos bosques cuentan con árboles sumamente altos, en su mayoría de hoja perenne. Albergan millones de especies distintas de animales.

CAPAS DEL BOSQUE TROPICAL

70 m

30 m

6 m

1,5 m

0 m

La capa emergente

Las cimas de los árboles más altos se alzan por encima del dosel del bosque tropical y forman la capa emergente.

El dosel

Aquí los árboles se ramifican y forman una gruesa capa de hojas por la que puede penetrar muy poca luz.

El sotobosque

Bajo el dosel hay oscuridad y humedad. Las plantas que necesitan mucha luz no pueden crecer aquí, pero está lleno de enredaderas y musgos.

El suelo forestal

Aquí caen todas las hojas del bosque y crean una capa de mantillo podrido. Algunos árboles jóvenes intentan elevarse hacia al dosel.

La Tierra

1 Guacamayo rojo	3 Águila arpía	5 Boa esmeralda	7 Matapalo	9 Mariposa de cristal	11 Hormiga cortadora de hojas
2 Mariposa morfo azul	4 Perezoso de dos dedos	6 Mono aullador	8 Jaguar	10 Capibara	12 Caimán negro

Un mapa del bosque tropical

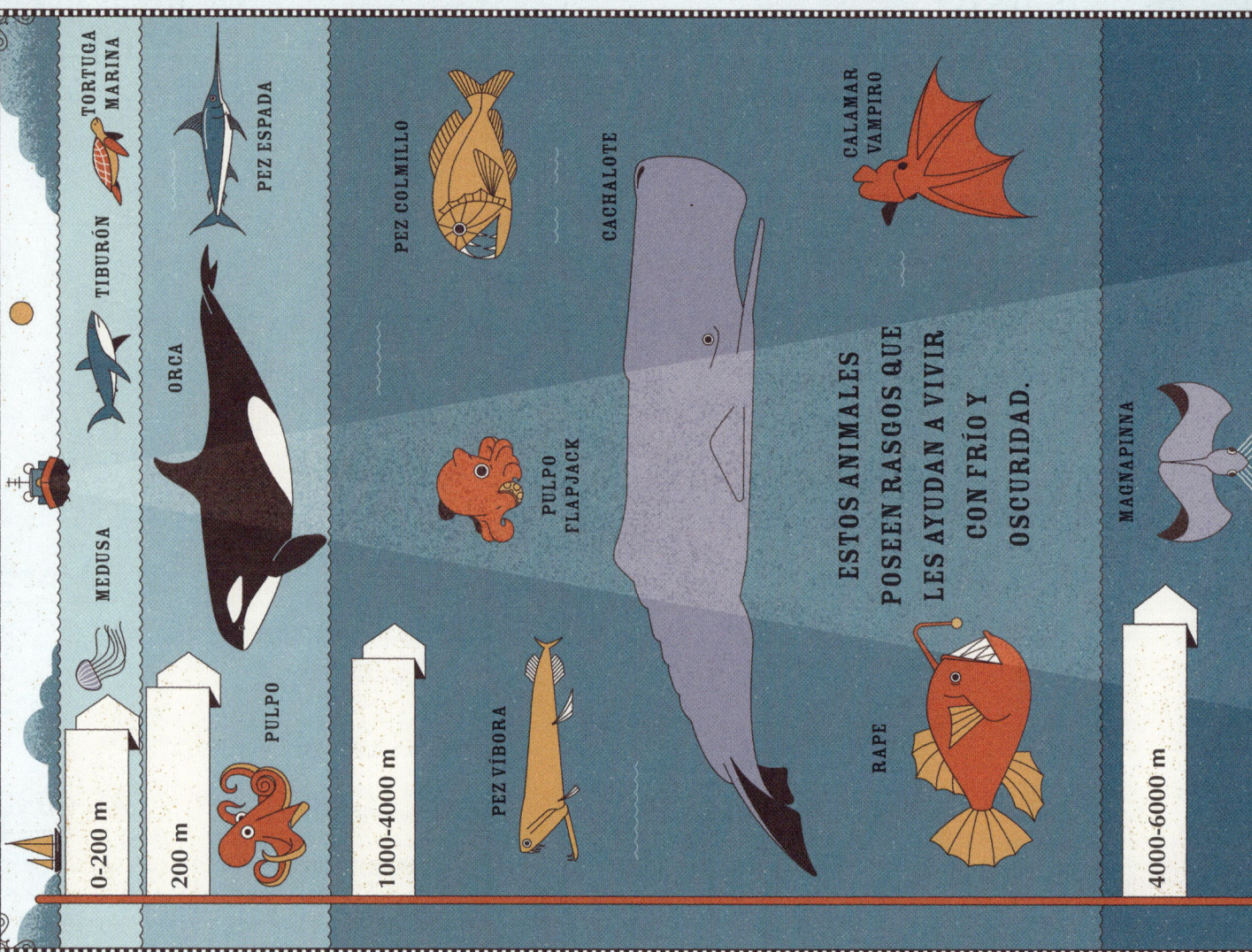

MAPA DE LAS PROFUNDIDADES OCEÁNICAS

ZONA FÓTICA >

Como su nombre sugiere (viene del griego *photos*, 'luz'), es la única zona que recibe la luz del sol plenamente. Aquí vive el plancton diminuto, que proporciona alimento a un gran número de animales oceánicos más grandes.

ZONA DISFÓTICA >

Aquí la luz se difumina en una tenue iluminación azul. En esta zona habitan muchos menos animales que en la superior, que está completamente iluminada por el sol. Hay menos oxígeno y es mucho más difícil encontrar alimento.

ZONA AFÓTICA >

Por debajo de la zona disfótica la luz no penetra. La oscuridad es total, el frío es polar y la presión es mayor debido al peso del agua que hay por encima. Los animales que viven aquí son muy distintos de los que lo hacen más arriba.

LOS OCÉANOS

¡Agua, agua por todos lados! La superficie de la Tierra presenta enormes extensiones de agua: los océanos. Albergan una amplísima variedad de tipos de seres vivos. Pero ¿has pensado alguna vez qué ocurre bajo las olas?

OFIURA

Aunque los fondos oceánicos suponen más del 70% de la superficie de la Tierra, solo tenemos mapas fieles del 15% de ellos.

ALGUNOS ANIMALES DEL FONDO DEL MAR PUEDEN GENERAR SU PROPIA LUZ.

ANFÍPODO

PEZ BABOSO

OFÍDIDO

Por debajo de 6000 m

PEZ TRÍPODE

SE SABE MUY POCO DE LA VIDA EN LAS PROFUNDAS FOSAS MARINAS.

ZONA ABISAL >

Muchos de los animales de las zonas más profundas del océano se alimentan de animales muertos que se hunden hasta el suelo oceánico desde zonas más altas. Algunos de ellos cazan, pero rara vez se comen la presa.

¿Qué es un océano?

Los océanos son las masas de agua más grandes de la Tierra. En total, hay cinco océanos: el Atlántico, el Pacífico, el Índico, el Ártico y el Antártico, y están todos conectados.

Océano Ártico

Océano Pacífico

Océano Ártico

Océano Índico

Océano Atlántico

Océano Antártico

Océano Pacífico

Océano Antártico

ZONA HADAL >

En esta zona se encuentran las partes más profundas de las fosas oceánicas. Aquí, casi nada sobrevive, pero hay algunos extraños ecosistemas con seres vivos que han desarrollado unas características y unos comportamientos poco habituales para sobrevivir.

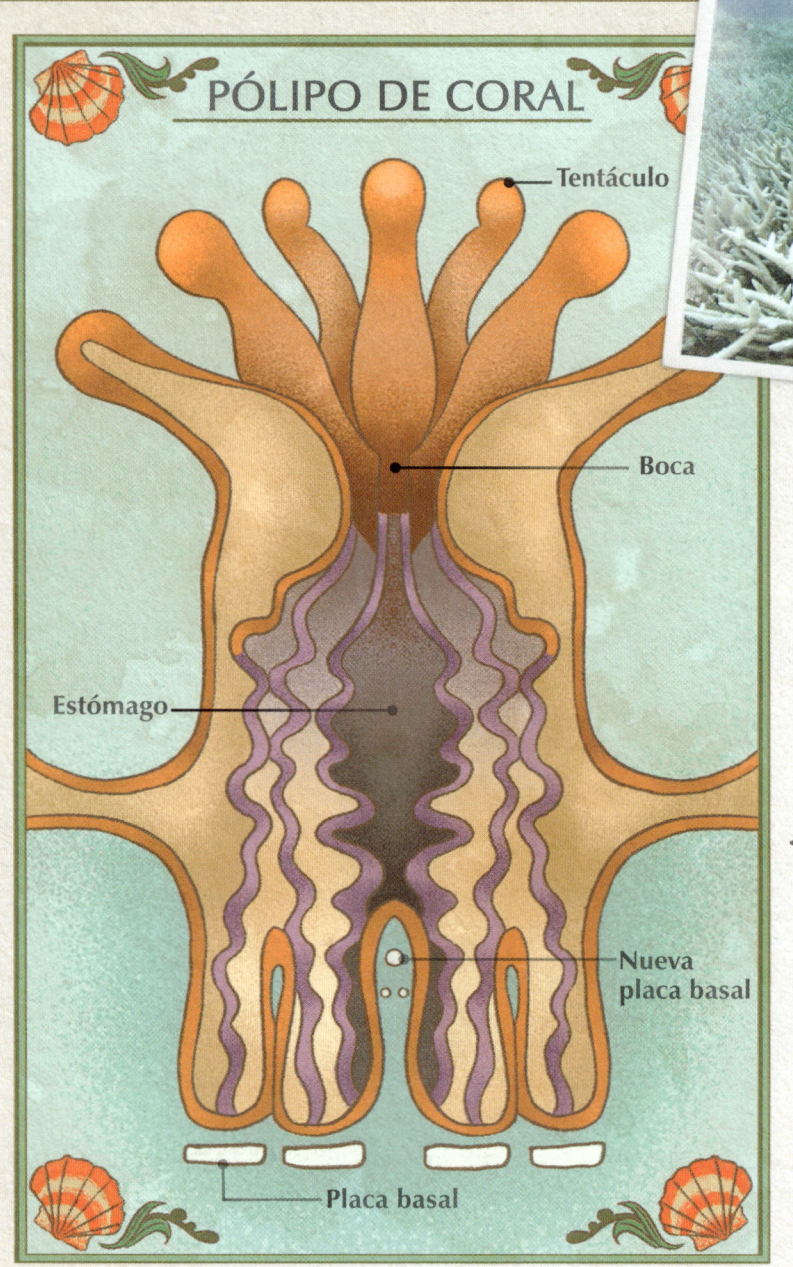

PÓLIPO DE CORAL

Tentáculo

Boca

Estómago

Nueva placa basal

Placa basal

^ BLANQUEAMIENTO DEL CORAL

El cambio climático está calentando los océanos por todo el mundo. Esto tiene un efecto asolador en el coral, pues lo daña y lo vuelve blanco en un proceso llamado decoloración.

< ¿QUÉ ES EL CORAL?

Los corales están formados por grupos de diminutos seres individuales llamados pólipos. Cada pólipo es un ser vivo independiente con su propia boca, su estómago y sus pequeños tentáculos. Los pólipos se unen para formar una estructura de corales más grande. Crean placas basales sobre las que asentarse y levantan las placas para crecer hacia arriba.

LOS ARRECIFES DE CORAL

No muy lejos de la superficie de los océanos cálidos y tropicales se esconden los arrecifes de coral de colores vivos. Cada arrecife de coral está formado por un conjunto de corales individuales. Los corales se parecen a las plantas, pero de hecho son invertebrados, animales sin esqueleto interno. Los arrecifes de coral y los espacios que los rodean dan cobijo a una gran variedad de plantas y animales distintos, entre ellos los alevines.

La gente viaja a menudo para ver los arrecifes de coral.

A Coral maceta

Este coral duro tiene pólipos largos y emplumados con forma de margaritas que se pueden alargar. Hay toda una variedad de colores y se alimentan de plancton.

MAPA DE UN ARRECIFE DE CORAL

TIPOS DE CORAL

Hay dos tipos principales de coral: duro y blando. Los corales duros generan un esqueleto, a base de calcio que se solidifica en forma de roca. Los blandos, por su parte, no generan un esqueleto. Un arrecife de coral se compone de muchas especies de ambos tipos que crecen juntas.

B Coral de coliflor suave

El nombre de este coral rocoso, que puede ser de varios colores, como el azul, le viene de la hortaliza a la que se parece un poco.

C Coral de panal

Cuando crece, este coral duro forma una gran cúpula, que puede llegar a alcanzar más de un metro de largo.

D Coral de dedos

Este coral, de crecimiento lento, forma estructuras largas y finas que se parecen un poco a los dedos. Sus pólipos solo estiran sus tentáculos por la noche.

E Coral hongo

Este coral duro tiene seis tentáculos, o un número de ellos múltiplo de seis.

F Coral órgano

Este coral blando tiene unas largas trompas con forma de tubos de órgano. Cada tubo se compone de pólipos de ocho tentáculos emplumados con forma de estrella.

G Coral jorobado

El coral jorobado, otro coral duro, crece con una forma redondeada de joroba. Suele crecer en lugares en los que no haya otros corales cerca.

LOS TERREMOTOS

El suelo que pisamos no es tan sólido como parece. Es parte de la capa más externa de la Tierra, la corteza, que está dividida en inmensos bloques llamados placas tectónicas. Estas placas se desplazan, se rozan y se golpean unas contra otras. Estos movimientos envían vibraciones que crean ondas por debajo de la corteza, las cuales pueden provocar terremotos. La mayor parte de los terremotos ocurren en lugares donde coinciden las placas tectónicas, los llamados límites.

Edificios a prueba de terremotos

Si una estructura es demasiado rígida, es decir, que no se puede inclinar, puede romperse durante un terremoto. Por eso, hay edificios diseñados para doblarse (inclinarse) cuando la tierra tiembla.

El Tokyo Skytree tiene un núcleo flexible que lo protege durante los terremotos.

< MEDIR LOS SEÍSMOS

Hay muchas maneras de medir los terremotos. A menudo se les adjudica un número: cuanto más bajo es este, el daño causado es menor; un número mayor va asociado a daños más graves.

CLASES DE MAGNITUD DE LOS TERREMOTOS

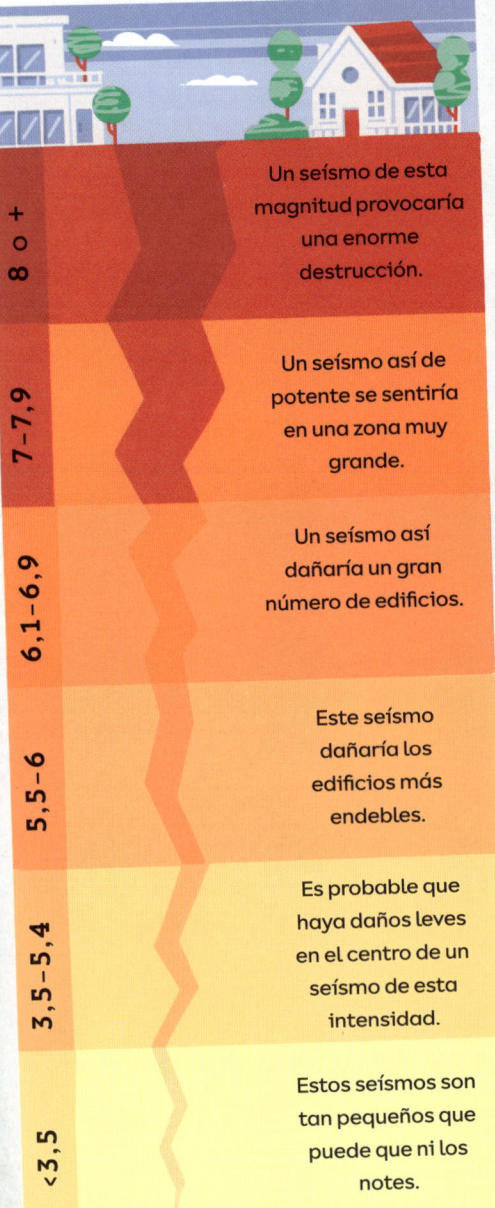

Magnitud	
8 o +	Un seísmo de esta magnitud provocaría una enorme destrucción.
7 – 7,9	Un seísmo así de potente se sentiría en una zona muy grande.
6,1 – 6,9	Un seísmo así dañaría un gran número de edificios.
5,5 – 6	Este seísmo dañaría los edificios más endebles.
3,5 – 5,4	Es probable que haya daños leves en el centro de un seísmo de esta intensidad.
< 3,5	Estos seísmos son tan pequeños que puede que ni los notes.

MAPA DE LAS PLACAS TECTÓNICAS

PLACA NORTEAMERICANA

PLACA DEL CARIBE

PLACA AFRICANA

PLACA DE COCOS

PLACA DEL PACÍFICO

PLACA DE NAZCA

PLACA SUDAMERICANA

PLACA DE SCOTIA

TSUNAMIS >

Cuando un terremoto tiene lugar bajo el océano, puede desencadenar un tsunami. Estas inmensas olas se van haciendo más grandes a medida que se acercan a la tierra y alcanzan alturas de hasta 30,5 m.

Volcán del Monte Pinatubo tres días antes de entrar en erupción en junio de 1991

< ANILLO DE FUEGO

El límite que hay alrededor del borde de la placa del Pacífico alberga tantos volcanes en activo que es conocido como el Anillo de Fuego. Esta es una de las partes más activas de la corteza terrestre. Aquí se producen muchos terremotos, así como erupciones volcánicas salvajes.

LÍMITE DE PLACA **ANILLO DE FUEGO**

PLACA NORTEAMERICANA

PLACA EUROASIÁTICA

PLACA FILIPINA

PLACA ARÁBIGA

PLACA ÍNDICA

PLACA DEL PACÍFICO

PLACA INDOAUSTRALIANA

PLACA ANTÁRTICA

TIPOS DE LÍMITE DE PLACA

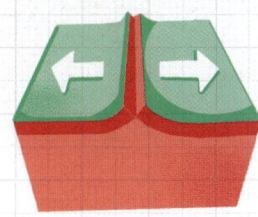

DIVERGENTE

En este límite, dos placas se separan la una de la otra. Se forma nuevo material de placa en la grieta que se crea entre ellas.

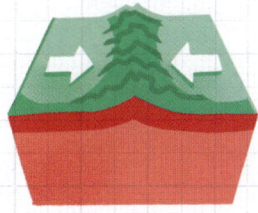

CONVERGENTE

Dos placas se empujan entre sí y crean cordilleras. Si una placa se desplaza por debajo de la otra, entonces se pueden formar volcanes.

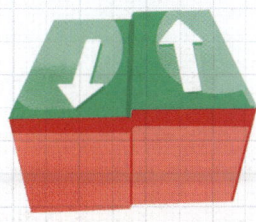

TRANSFORMANTE

Aquí las dos placas se rozan al cruzarse. Este movimiento puede sacudir la tierra y provocar terremotos ondulantes.

LAS MONTAÑAS

Nuestras montañas son los lugares más altos de la superficie de la Tierra. Al ser tan altas, por lo general, las temperaturas en ellas son frías y el aire es menos denso y contiene menos oxígeno. Los humanos y los animales viven en las montañas a pesar de las duras condiciones. De hecho, la gente va de excursión a las montañas para divertirse: a esquiar, a hacer senderismo y a escalar. La formación de las montañas se debe tanto a los movimientos de las placas tectónicas de la Tierra como por la actividad volcánica. Muchas de ellas siguen creciendo a medida que las placas se empujan entre sí.

CORDILLERAS

Las montañas pueden crecer de forma individual, pero a menudo forman grandes crestas conocidas como cordilleras, que pueden tener cientos o incluso miles de kilómetros de largo. La cordillera más larga por encima del nivel del mar es la de los Andes, de 7000 km (4300 millas) de longitud.

LA VIDA EN LA MONTAÑA

Vivir al límite

Las plantas y los animales que habitan en lo alto de las montañas tienen que adaptarse a sobrevivir en estos entornos tan complicados. Las cabras montesas tienen gruesos pelajes para mantenerse calientes, y pezuñas con dos dedos para poder agarrarse a la roca y escalar.

LAS MONTAÑAS ESPACIALES

Las montañas no solo están en la Tierra; también pueden desarrollarse en otros planetas. La más elevada de nuestro sistema solar es un volcán del planeta Marte llamado Monte Olimpo. Es unas tres veces más alto que la montaña más alta de la Tierra, el Everest.

El Monte Olimpo visto desde el espacio

Monte Olimpo - 22 500 m

Everest - 8849 m

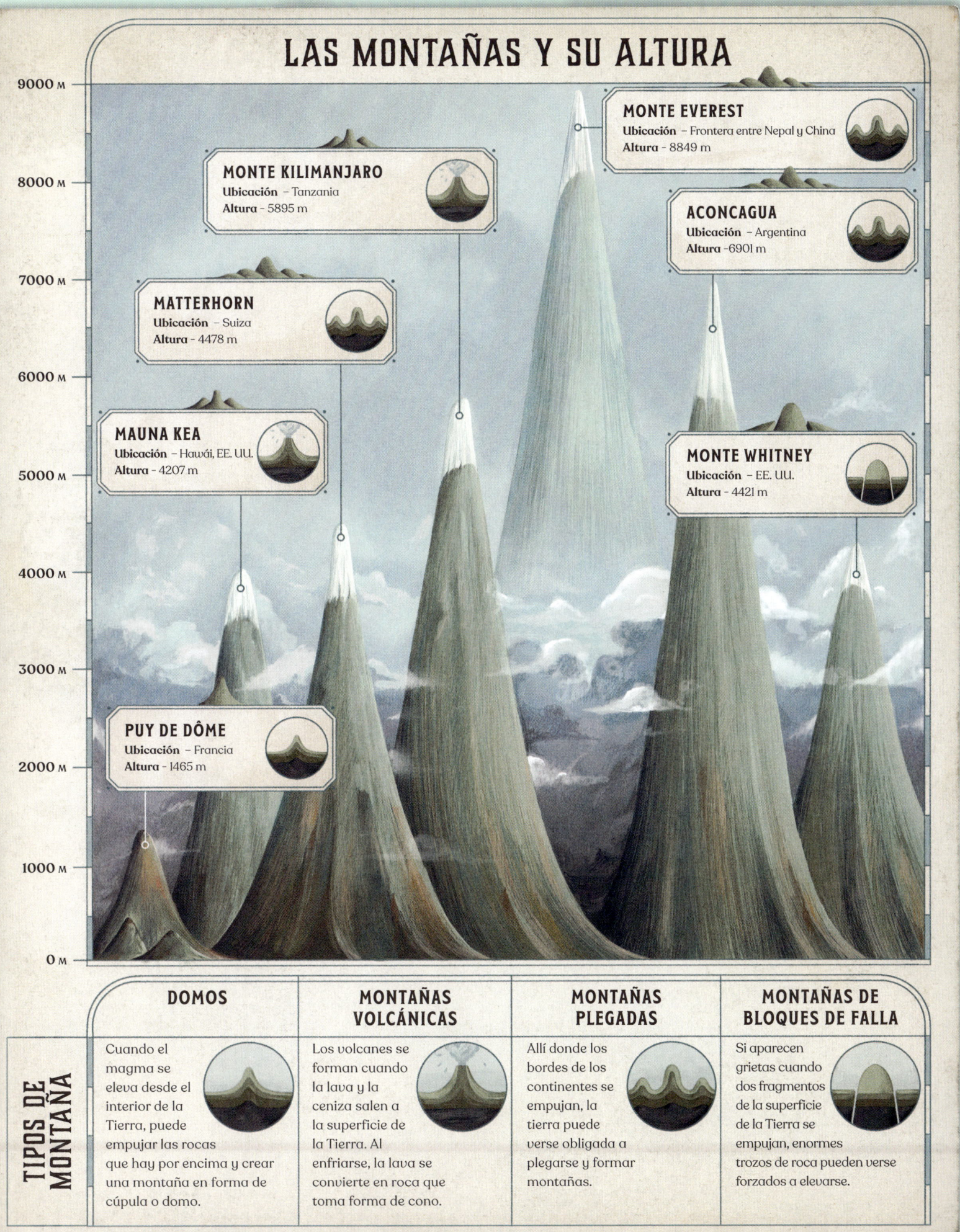

LAS MONTAÑAS Y SU ALTURA

9000 M

MONTE EVEREST
Ubicación – Frontera entre Nepal y China
Altura - 8849 m

8000 M

MONTE KILIMANJARO
Ubicación – Tanzania
Altura - 5895 m

ACONCAGUA
Ubicación – Argentina
Altura - 6901 m

7000 M

MATTERHORN
Ubicación – Suiza
Altura - 4478 m

6000 M

MAUNA KEA
Ubicación – Hawái, EE. UU.
Altura - 4207 m

MONTE WHITNEY
Ubicación – EE. UU.
Altura - 4421 m

5000 M

4000 M

3000 M

PUY DE DÔME
Ubicación – Francia
Altura - 1465 m

2000 M

1000 M

0 M

TIPOS DE MONTAÑA

DOMOS

Cuando el magma se eleva desde el interior de la Tierra, puede empujar las rocas que hay por encima y crear una montaña en forma de cúpula o domo.

MONTAÑAS VOLCÁNICAS

Los volcanes se forman cuando la lava y la ceniza salen a la superficie de la Tierra. Al enfriarse, la lava se convierte en roca que toma forma de cono.

MONTAÑAS PLEGADAS

Allí donde los bordes de los continentes se empujan, la tierra puede verse obligada a plegarse y formar montañas.

MONTAÑAS DE BLOQUES DE FALLA

Si aparecen grietas cuando dos fragmentos de la superficie de la Tierra se empujan, enormes trozos de roca pueden verse forzados a elevarse.

1. Lluvia
Cuando las nubes contienen bastante agua, la dejan caer a la Tierra. A esto se le llama precipitación.

2. Nieve
Si hace el frío suficiente, las gotitas de agua de las nubes se congelarán en forma de nieve o de granizo y caerán al suelo.

3. Nubes en movimiento
Las nubes se desplazan por el cielo empujadas por el viento y por el calor que se eleva desde del suelo.

LAGO

OCÉANO
La mayor parte del agua del mundo está en los océanos. Esta agua es salada porque contiene minerales disueltos.

9. Lagos
El agua se acumula y forma lagos donde hay cavidades en el suelo.

8. Agua subterránea
Parte del agua se filtra en la tierra y se desplaza a través del suelo.

¿POR QUÉ FLUYEN LOS RÍOS? >
Toda el agua líquida fluye hacia abajo. El agua en movimiento forma corrientes en zonas elevadas, que se juntan para formar ríos. Los ríos siguen discurriendo hacia abajo hasta que acaban encontrándose con una masa más grande de agua, como un lago, un mar o el océano.

LEYENDA

Sentido de la marcha

Evaporación

Transpiración

Nieve o granizo

Precipitación

4. Evaporación

A medida que el Sol calienta los océanos, parte del agua se convierte en vapor (gas) y se eleva en el aire.

5. Condensación

A medida que el vapor de agua se eleva, se enfría y se convierte en gotitas de agua que se juntan formando las nubes.

6. Caudal del río

Los ríos llevan el agua cuesta abajo desde los terrenos más elevados hacia los océanos.

7. Caudal superficial

El agua que cae sobre la tierra fluye cuesta abajo hasta unirse a una corriente o a un río.

El ciclo del agua

Nuestro planeta alberga enormes cantidades de agua, que está en constante movimiento. Fluye desde los ríos hasta los mares, asciende para formar las nubes y vuelve a caer a la Tierra como lluvia en un ciclo de bucle interminable.

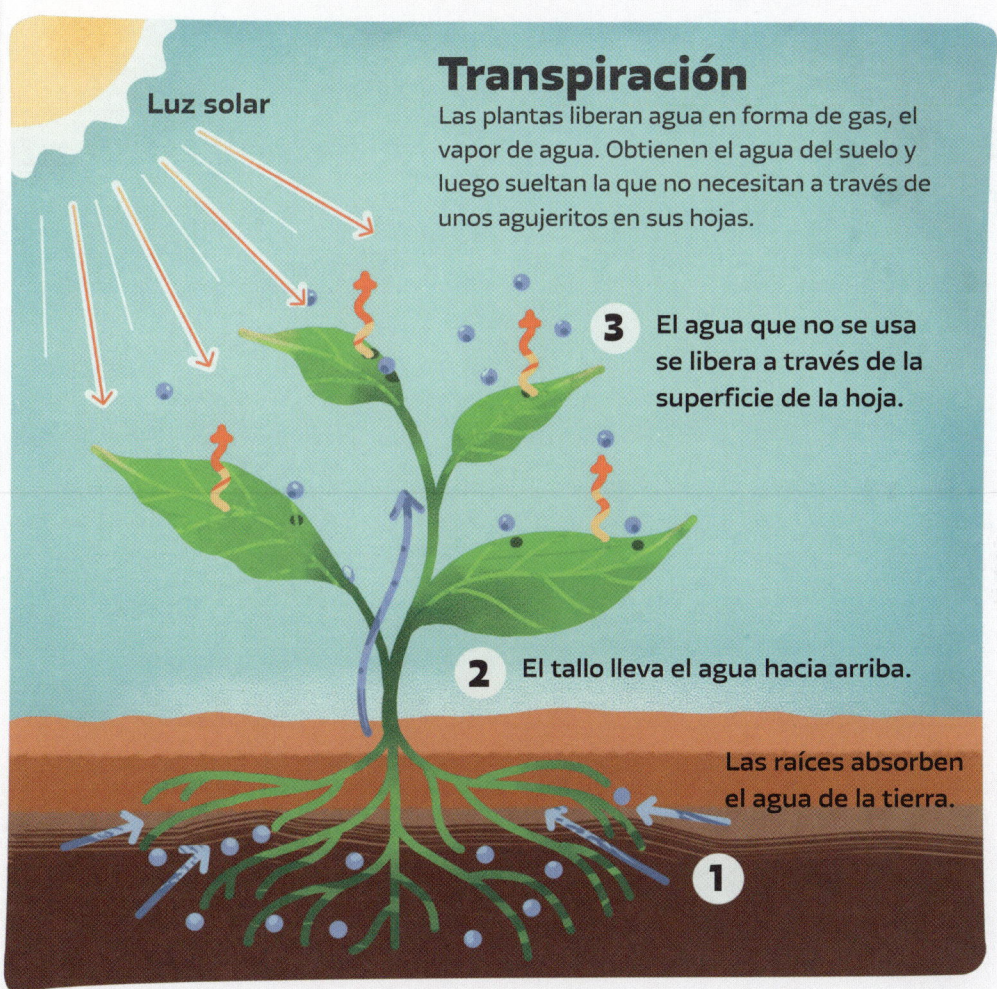

Luz solar

Transpiración

Las plantas liberan agua en forma de gas, el vapor de agua. Obtienen el agua del suelo y luego sueltan la que no necesitan a través de unos agujeritos en sus hojas.

3 El agua que no se usa se libera a través de la superficie de la hoja.

2 El tallo lleva el agua hacia arriba.

Las raíces absorben el agua de la tierra.

1

Estados cambiantes

En el ciclo del agua intervienen tres formas de agua: el agua sólida, llamada hielo, aparece en forma de glaciares o nieve. El agua líquida fluye por encima de la tierra y da lugar a lagos y mares. El vapor de agua (gaseosa) está en el aire y en las nubes.

Sólida

Líquida

Gaseosa

ESTACIONES

INVIERNO

Esta es la estación más fría. Muchos árboles no tienen hojas y hay menos comida para los animales.

PRIMAVERA

En primavera, muchos árboles empiezan a florecer y les vuelven a salir hojas. Hace más calor, los días se alargan y las noches se acortan.

VERANO

Es la estación más calurosa. Los días se alargan y las noches se acortan. Las plantas crecen y empiezan a formarse sus frutos, y los árboles tienen multitud de hojas verdes.

OTOÑO

En otoño muchos árboles pierden sus hojas, que antes de caer se vuelven doradas o rojas. La fruta está madura y lista para ser recogida, y las noches empiezan a alargarse.

EL TIEMPO METEOROLÓGICO

El tiempo meteorológico es todo aquello que está pasando en la capa más baja de la atmósfera en un momento concreto. Puede cambiar de un día para otro, darnos lluvia o sol, un tiempo ventoso o tranquilo. El clima es ligeramente diferente. Es el tiempo meteorológico de media que hay en un lugar, es decir,; cómo es allí por lo general, más que en un momento concreto. En muchas partes del mundo también hay estaciones; tienen distintos patrones meteorológicos dependiendo de la época del año que sea.

El aire cálido y el aire frío se mueven en células

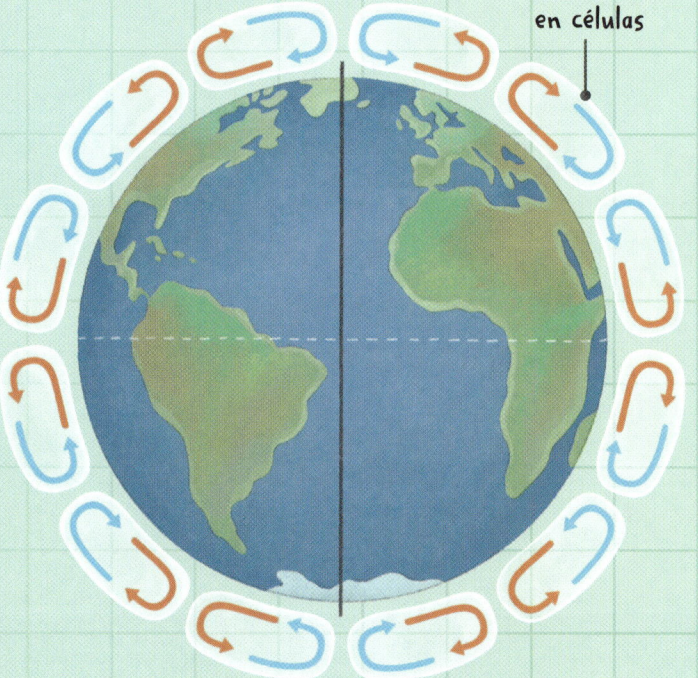

Aire caliente y frío

El aire se mueve constantemente alrededor de la Tierra, subiendo y bajando al calentarse y al enfriarse. Este movimiento crea bandas de corrientes de aire por todo el planeta a las que se las llamamos células. Hay tres células alrededor de la mitad superior de la Tierra y otras tres alrededor de la mitad inferior.

Zonas climáticas

Algunas partes del planeta son más cálidas que otras. Generalmente, hace más calor en las zonas tropicales por todo el ecuador, que es la parte más ancha de la Tierra, más cercana al Sol. Por el contrario, hace más frío en las zonas polares que están en la cima y en la base del planeta. Entre estas hay dos zonas más: las templadas, bastante frescas, y las áreas subtropicales, bastante calurosas.

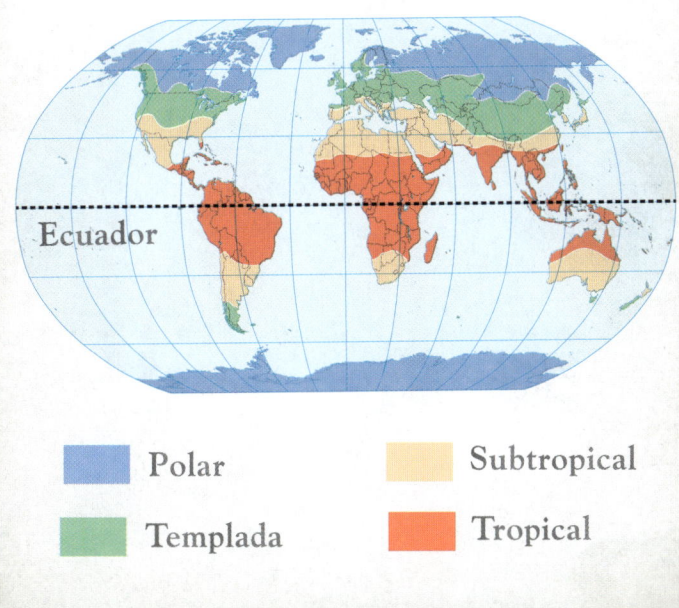

Ecuador

- Polar
- Templada
- Subtropical
- Tropical

CORRIENTES OCEÁNICAS

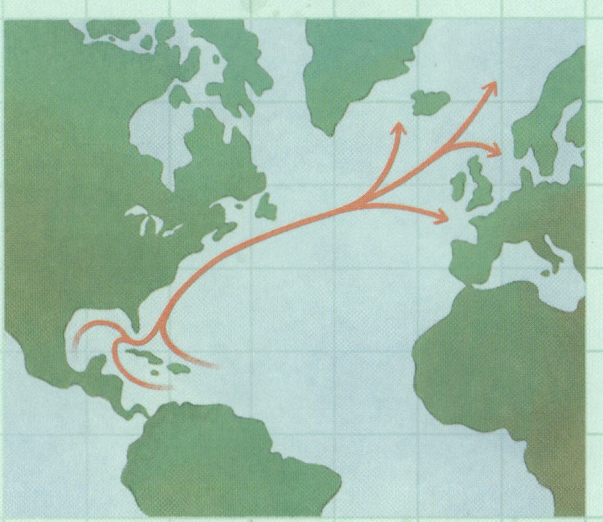

La corriente del Golfo

Los océanos terrestres contienen grandes desplazamientos de agua llamados corrientes. Algunas de estas corrientes son cálidas y otras frías, y afectan al clima de las tierras cercanas. La corriente del Golfo coge el agua cálida de las Américas y la lleva hacia Europa.

UN TIEMPO SALVAJE

Nuestro tiempo meteorológico es bastante dócil la mayor parte del tiempo. Hay viento, y puede que llueva. Sin embargo, dadas las circunstancias adecuadas, el tiempo puede ser mucho más extremo...

HURACANES

Los huracanes son tormentas de grandes dimensiones que se originan en zonas tropicales por encima de las aguas cálidas. Pueden desplazarse del agua a la tierra y traer lluvias torrenciales y vientos fuertes.

TORMENTAS ELÉCTRICAS

Una tormenta eléctrica trae lluvias intensas, nieve o granizo. Algunas tormentas vienen acompañadas de relámpagos, estallidos de electricidad que comienzan en las nubes.

TORNADOS

Estas columnas de viento giran a gran velocidad. Se pueden formar por debajo de nubes de tormenta y dejan un rastro de destrucción al pasar dando vueltas por el suelo.

EL CAMBIO CLIMÁTICO

El clima son las condiciones meteorológicas típicas de una zona; por tanto, el clima de la Tierra es básicamente el tiempo meteorológico mundial. El clima no es algo fijo, y la Tierra se ha calentado y enfriado de manera natural a lo largo de los tiempos. Sin embargo, los humanos hemos añadido un nuevo nivel de complejidad al cambio climático. Hemos liberado gases de efecto invernadero a unos niveles cada vez más elevados, y el resultado de ello es que el planeta se está calentando muy rápidamente, lo que tiene efectos negativos para nosotros y para muchos otros seres vivos de planeta.

El efecto invernadero

Alrededor de la Tierra hay una capa de gases, su atmósfera. La atmósfera atrapa el calor que se acumula alrededor de nuestro planeta y nos mantiene calientes en el espacio. Los gases de efecto invernadero atrapan aún más calor alrededor de la Tierra. El «efecto invernadero» quiere decir que el planeta se está calentando cada vez más.

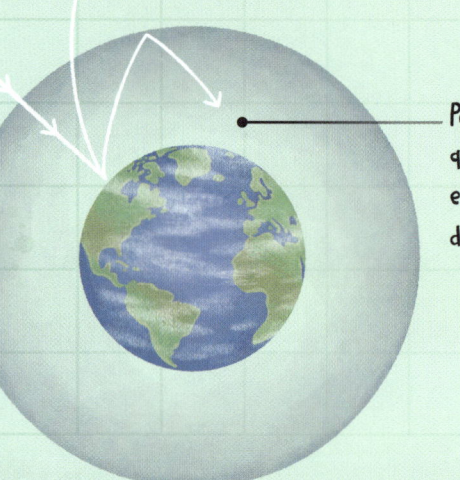

La energía del Sol atraviesa la atmósfera.

Parte del calor del Sol se refleja hacia el espacio.

Parte del calor queda atrapado en la atmósfera de la Tierra.

HACE 56 MILLONES DE AÑOS

Hubo una época en la que la Tierra era más cálida que ahora. De hecho, ¡era tan cálida que no había hielo en el Polo Norte! Este periodo cálido fue debido a grandes cantidades de gases de efecto invernadero, que quizá liberara la actividad volcánica.

HACE 20 000 AÑOS

En aquel momento, la Tierra comenzó a enfriarse. Esta época se denomina la Edad de Hielo, porque gran parte del planeta estaba cubierto de capas de hielo y nieve. Empezó a derretirse hace unos 20 000 años.

Luchar contra el cambio climático

Cuando quemamos combustibles fósiles se liberan grandes cantidades de gases de efecto invernadero. Utilizar fuentes de energías alternativas, como la eólica o la hidráulica, nos ayudará a reducir la cantidad de gases de efecto invernadero que generamos. También podemos intentar usar menos energía y viajar menos.

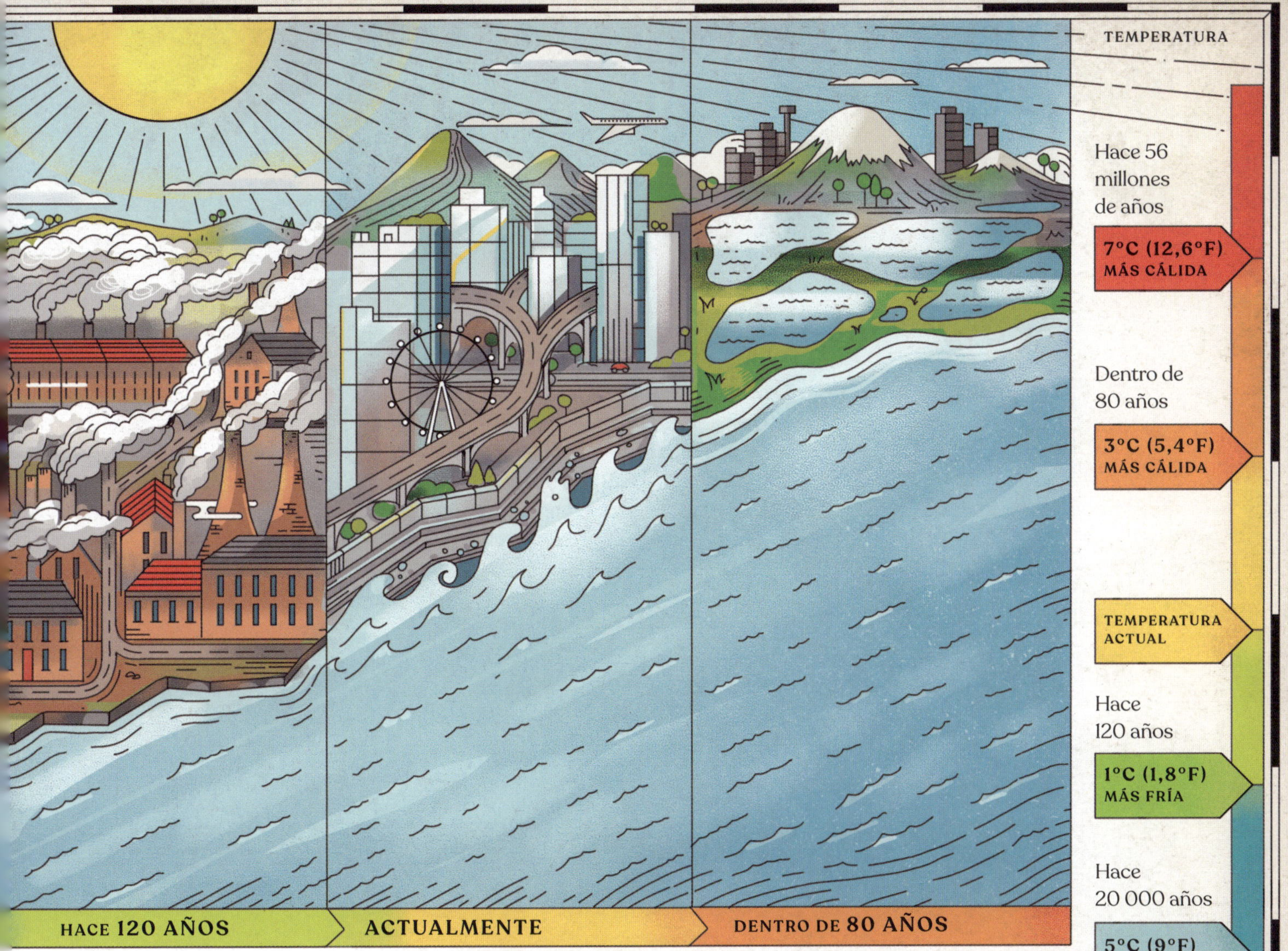

TEMPERATURA

Hace 56 millones de años
7°C (12,6°F) MÁS CÁLIDA

Dentro de 80 años
3°C (5,4°F) MÁS CÁLIDA

TEMPERATURA ACTUAL

Hace 120 años
1°C (1,8°F) MÁS FRÍA

Hace 20 000 años
5°C (9°F) MÁS FRÍA

HACE 120 AÑOS

Tras la Revolución Industrial, el ser humano empezó a construir fábricas, que liberaban gases de efecto invernadero en el aire, y el planeta empezó a calentarse rápidamente.

ACTUALMENTE

Hoy la Tierra se calienta aún más rápido que antes, por los gases de efecto invernadero que generan los vehículos, las fábricas y las centrales eléctricas. Estamos intentando reducir la cantidad de gases que generamos.

DENTRO DE 80 AÑOS

Es probable que la Tierra siga calentándose. A medida que lo hace, los glaciares y las placas de hielo se están deshaciendo, lo que provoca que suba el nivel del agua en los océanos. Es probable que algunas zonas costeras e islas a baja altitud acaben inundadas.

Un mapa del cambio climático

‹ PÉRDIDA DE HÁBITATS

El cambio climático está afectando a los hábitats terrestres. Por ejemplo, los casquetes polares se están derritiendo, lo que dificulta la vida de los animales que viven en el hielo.

¿DE DÓNDE PROVIENE LA COMIDA?

Hubo una época en la que la gente solo comía lo que se podía producir cerca de ellos. Esto ya no es así: hoy en día los alimentos se envían por mar y por aire a todo el mundo. A los países que producen y envían estos alimentos se les llama exportadores, y este mapa muestra los mayores exportadores de algunos de los alimentos más populares.

LEYENDA

- ● Canadá
- ● Chile
- ● China
- ● Costa de Marfil
- ● Brasil
- ● Ecuador
- ● España
- ● India
- ● Irlanda
- ● México
- ● Nueva Zelanda
- ● Marruecos
- ● Italia
- ● Países Bajos

PLÁNTALO TÚ

Algunos países tienen tanto terreno fértil que, si quisieran, podrían producir comida suficiente para todos sus habitantes. Pero la importación les permite comer una variedad mucho más amplia de alimentos.

Algo DULCE

SIROPE DE ARCE

GRANOS DE CACAO

Los EE. UU. son el mayor exportador de comida del mundo.

El PLATO FUERTE

PASTA

ARROZ

FRUTAS y VERDURAS

TOMATES

PLÁTANOS

CARNE y PESCADO

TERNERA

SALAMI

POLLO

CORDERO

GAMBA

Un extra DE SABOR

PIMIENTA NEGRA

MANTEQUILLA

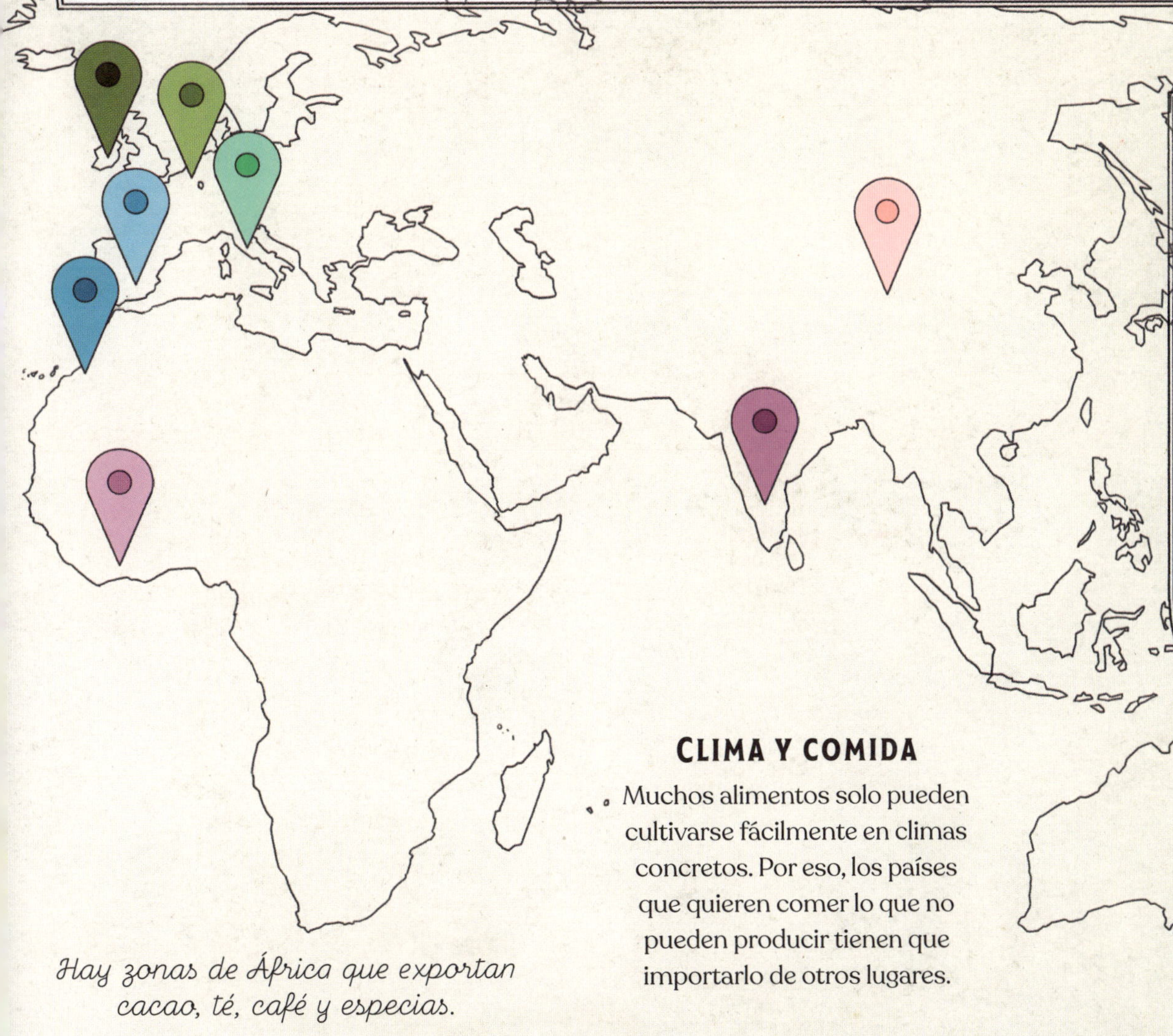

CLIMA Y COMIDA

Muchos alimentos solo pueden cultivarse fácilmente en climas concretos. Por eso, los países que quieren comer lo que no pueden producir tienen que importarlo de otros lugares.

Hay zonas de África que exportan cacao, té, café y especias.

UVAS

HABAS DE SOJA

JUDÍAS VERDES

PATATAS

LECHUGA

MANZANAS

LAS CIUDADES

Muchas de nuestras ciudades albergan a cientos de miles de personas, y en algunas viven millones. Cuando en un lugar vive tanta gente, estamos bastante apretujados, y el diseño de la ciudad puede suponer una gran diferencia en nuestra vida. Algunas ciudades tienen una distribución que se ha desarrollado a lo largo de los años, con pedacitos que se han ido añadiendo como si fuera un batiburrillo. Otras han sido diseñadas cuidadosamente para mejorar la vida de sus ciudadanos.

¿QUÉ ES UNA CIUDAD?

Una ciudad es un asentamiento humano más grande que un pueblo o una aldea. Las ciudades cuentan con hogares, empresas, escuelas, hospitales, edificios gubernamentales, espacios abiertos y todo tipo de transportes.

∨

CIUDAD PEATONAL

En algunas ciudades como Tokio, en Japón, las casas, las empresas, los parques y las escuelas están muy cerca entre ellas. De esa manera, la gente puede llegar andando o fácilmente en transporte público a su punto de destino.

ESCUELA

APARCAMIENTO

TIENDAS

TRANSPORTE

PARQUE

CASAS

EMPRESAS

1 Las tiendas, las casas y las empresas conviven mezcladas. La gente puede recorrer andando una distancia corta desde su casa para comprar lo que necesita sin usar el coche.

2 Por lo general, los colegios están en el centro de cada barrio, así los adultos no tienen que recorrer largas distancias para dejar y recoger a sus hijos.

3 Hay estacionamientos fuera de la calle, lo que ayuda a despejarla de coches aparcados y la hace más segura para los peatones.

4 Las calles estrechas evitan que los coches vayan deprisa. Esto facilita el uso de la bicicleta o poder ir caminando sin miedo a sufrir un accidente.

PLAN DE LOS CINCO DEDOS

Copenhague, en Dinamarca, está diseñada como
una mano: con el centro de la ciudad en la palma
y cinco dedos de zonas edificadas a lo largo de las
líneas férreas. El tren permite un fácil acceso al
centro de la ciudad, y a la vez deja espacio para
zonas verdes al aire libre.

La historia de las ciudades

Las primeras ciudades, construidas hace
miles de años, tenían muchos menos
habitantes que las actuales, y los
edificios eran de solo una o dos plantas.
Hoy, imponentes rascacielos se elevan
sobre las bulliciosas ciudades.

El rascacielos más alto del mundo es el Burj Khalifa
en la ciudad de Dubái, en los Emiratos Árabes Unidos.

1 La inusual forma de esta
ciudad se diseñó para alejar las
viviendas del centro y que no
se abarrotara demasiado.

2 El espacio entre los dedos se
dedica a campo abierto.
Algunas zonas son de cultivo y,
otras están abiertas para el
disfrute de la gente.

3 Las líneas de tren están
diseñadas para unir los dedos
donde vive la gente con el
centro de la ciudad, lo que
facilita a las personas el acceso
a sus necesidades.

4 Los edificios comerciales
(empresas) y, el distrito
financiero están en pleno centro
de la ciudad. Mucha gente se
desplaza para trabajar aquí.

🟩	ESPACIOS VERDES
⬜	VIVIENDAS
🟨	CENTRO DE LA CIUDAD
🟧	TRANSPORTE

LOS EDIFICIOS

Los edificios nos dan cobijo: nos protegen de la lluvia, del viento, del frío y del sol ardiente. Pero muchos edificios son mucho más que simples refugios. Están diseñados con fines específicos y presentan una enorme variedad de formas. ¡Algunos son incluso obras de arte! A la persona que diseña nuevos edificios se le llama arquitecto. Sus diseños los hacen realidad los aparejadores, y el trabajo en sí de construcción lo llevan a cabo los constructores.

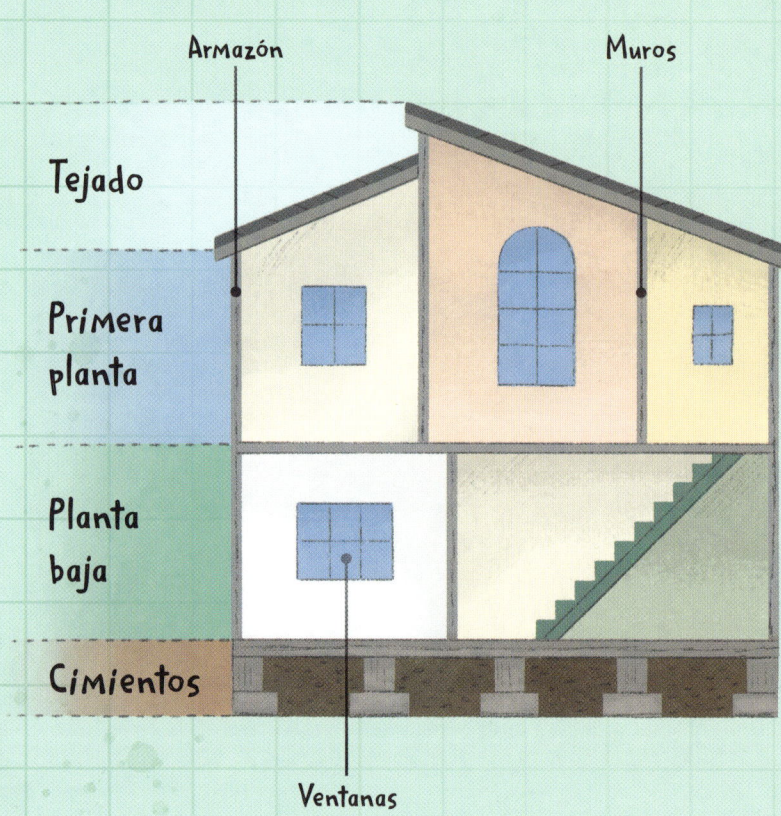

Armazón

Muros

Tejado

Primera planta

Planta baja

Cimientos

Ventanas

Partes de un edificio

Los edificios pueden tener un aspecto muy diferente y usos distintos, pero todos se componen de las mismas partes esenciales. Los cimientos se hallan bajo el suelo y dan estabilidad a la construcción. A cada nivel del edificio que está por encima del suelo se le llama planta o piso.

TIPOS DE EDIFICIOS

Hay muchos tipos distintos de edificios. Pueden ser viviendas, oficinas, abiertos al público, y muchos más.

DE UNA PLANTA

Al edificio con un solo nivel y sin escaleras en el interior se le llama edificio de una sola planta. Una casa con un solo nivel se le llama bungaló.

Ámsterdam, Países Bajos

DE VARIAS PLANTAS

Muchos edificios tienen más de una planta. Edificar hacia arriba permite tener más habitaciones utilizando el mismo espacio a nivel de suelo.

RASCACIELOS

A los edificios con muchas plantas se les llama rascacielos. Son muy habituales en las ciudades, donde suele haber menos terreno para construir, por eso se edifica hacia arriba.

Doha, Qatar

ESTADIO

Un estadio es un campo de deportes. En el centro hay una pista o terreno de juego, rodeado por un círculo con miles de asientos para que la gente pueda disfrutar de la competición.

Estadio Nacional, China

MUSEO

Es un edificio que se puede visitar para aprender sobre los objetos que hay en su interior, o sobre un tema en concreto.

Museo de la Alfombra de Azerbaiyán

EDIFICIOS ANTIGUOS >

Llevamos miles de años construyendo edificios. El Coliseo se erigió en el 72 d. C. Parece circular, pero en realidad es elíptico (oval). Actualmente, gran parte del edificio sigue en pie, aunque algunas partes se han derrumbado.

El Coliseo, Italia

Templo del Loto, India

Museo del Mañana, Brasil

< FORMAS ASOMBROSAS

A lo largo del tiempo, hemos aprendido cada vez más sobre los materiales de construcción y sus posibilidades. Hoy en día, los arquitectos son capaces de diseñar edificios enormes y curvos que los constructores antiguos no habrían podido imaginar.

MATERIALES IMPORTANTES

Muchos edificios están hechos de materiales parecidos. Algunos, como la madera, se encuentran en la naturaleza. Otros se han inventado a lo largo del tiempo. Estos son algunos de los materiales de construcción habituales.

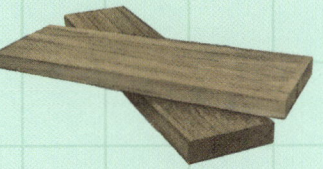

MADERA

La madera es resistente y fácil de cortar para darle forma. A menudo se utiliza para hacer la estructura de los tejados.

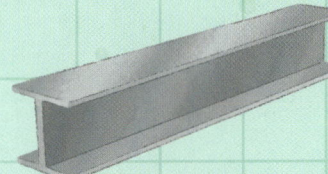

METAL

Las vigas de acero se usan para fortalecer las estructuras. Pueden aguantar una gran cantidad de peso.

LADRILLO

Los ladrillos están hechos de arcilla endurecida. Se apilan para formar los muros.

VIDRIO

El vidrio transparente se utiliza para las ventanas, o incluso para las paredes de edificios modernos.

HORMIGÓN

Los bloques de hormigón se pueden utilizar como ladrillos, o el hormigón líquido puede verterse alrededor del acero.

EL LENGUAJE

Las lenguas son muy importantes porque nos permiten comunicarnos con los demás. En las distintas partes del mundo se hablan distintos idiomas. Actualmente, los tres más hablados son el chino mandarín, el inglés y el español. También utilizamos lenguas de signos, que incluyen signos con las manos, movimiento corporal y expresiones faciales. A las lenguas que se utilizaron en algún momento, pero que ya no se usan se les llama lenguas muertas. El latín es considerado una lengua muerta, pero el francés, el italiano y el español tienen sus raíces en él.

¿Cómo crecen las lenguas?

A medida que las personas y las comunidades crecen y cambian, sus lenguas evolucionan con ellas. Podemos pronunciar palabras de manera diferente o inventar otras nuevas. Al viajar, también nos llevamos las palabras a otros lugares. De este modo, las lenguas se desarrollan con el paso del tiempo e incluso pueden adoptar palabras de otras lenguas.

Existen más de 7000 lenguas distintas.

Tablilla cuneiforme

< LENGUA ESCRITA

Escribir los hechos y las historias nos permite llevar un registro permanente de ellos, sin tener que fiarnos de la memoria. El primer tipo de escritura se llamaba cuneiforme. Se inventó hace 5000 años en una zona de lo que ahora conocemos como Irak.

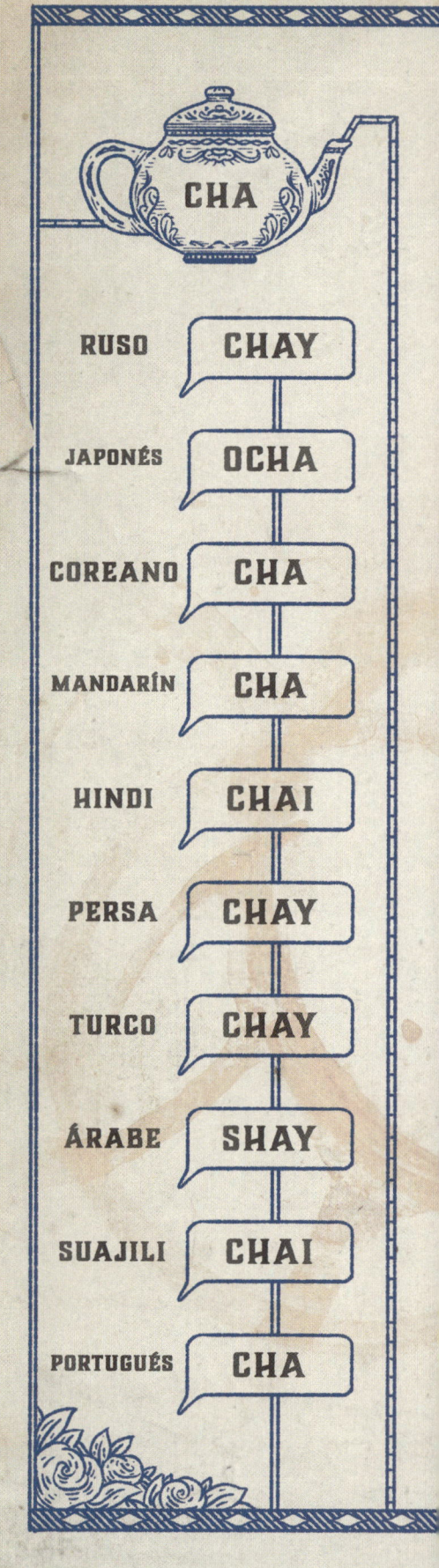

CHA

RUSO	CHAY
JAPONÉS	OCHA
COREANO	CHA
MANDARÍN	CHA
HINDI	CHAI
PERSA	CHAY
TURCO	CHAY
ÁRABE	SHAY
SUAJILI	CHAI
PORTUGUÉS	CHA

¿TÉ O CHA?

LA GENTE BEBE TÉ EN TODO EL MUNDO. SIN EMBARGO, HAY SOLO DOS TIPOS DE PALABRA PARA NOMBRARLO: «TÉ» Y «CHA». LAS DOS SE ORIGINARON EN CHINA Y LUEGO VIAJARON A DIFERENTES PARTES DEL GLOBO.

LOS COMERCIANTES TRANSPORTARON LA PALABRA «TÉ» JUNTO CON LAS HOJAS DE TÉ.

LA PALABRA «CHA» SALIÓ DE CHINA POR TIERRA A TRAVÉS DE LA RUTA DE LA SEDA.

CHA

TÉ

LA PALABRA «TÉ» SALIÓ DE CHINA POR MAR.

TÉ

MIN NAN	TAMIL	CINGALÉS	AFRIKÁANS
TE	THENIR	TE	TEE

INGLÉS	NEERLANDÉS	MAORÍ	JAPONÉS
TEA	THEE	TEE	TEH

Un mapa que muestra cómo se propagaron las palabras «té» y «cha»

CAPÍTULO 4
LA NATURALEZA

La «naturaleza» son las plantas, los animales y el resto de los seres vivos
que existen en nuestro planeta sin ninguna intervención humana. Tienen
una gran diversidad de formas. La vida microscópica es tan minúscula que
no podemos verla, mientras que las ballenas azules son tan gigantescas que
un ser humano podría usar una de sus lenguas como colchón. Los animales
se comunican entre ellos al igual que nosotros, aunque no utilizan el habla.
Usan olores, movimientos, sonidos o señales químicas. ¡Algunos tipos de
planta también son capaces de comunicarse! Los seres humanos no
tuvieron nada que ver en la creación de la naturaleza, pero nuestras
acciones la afectan: talamos árboles y contaminamos el aire, y ello tiene
repercusiones en los animales y en los hábitats de todo el mundo.

UNA GUÍA DE LOS HONGOS

Los hongos no son plantas ni animales; son un reino propio. Hay unos tres millones de especies de hongos, y solo algunos de ellos tienen setas. Estos cuerpos fructíferos son solo una pequeña parte del hongo. En el subsuelo, unas masas de hilos en forma de raíz, llamadas hifas, absorben los nutrientes y el agua.

PARTES DE UNA SETA

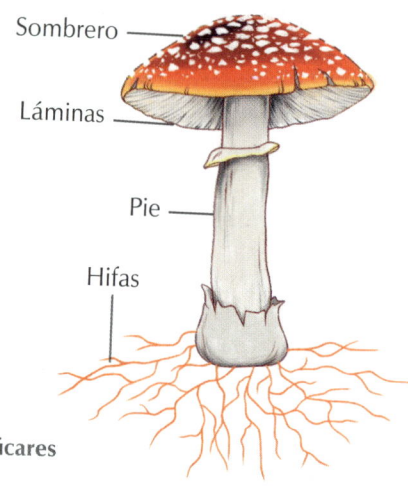

- Sombrero
- Láminas
- Pie
- Hifas

—— Raíces de los árboles ●●● Azúcares

—— Hifas de los hongos ●●● Nutrientes

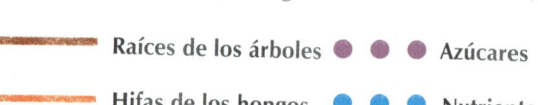

■ Tierra

■ Subsuelo

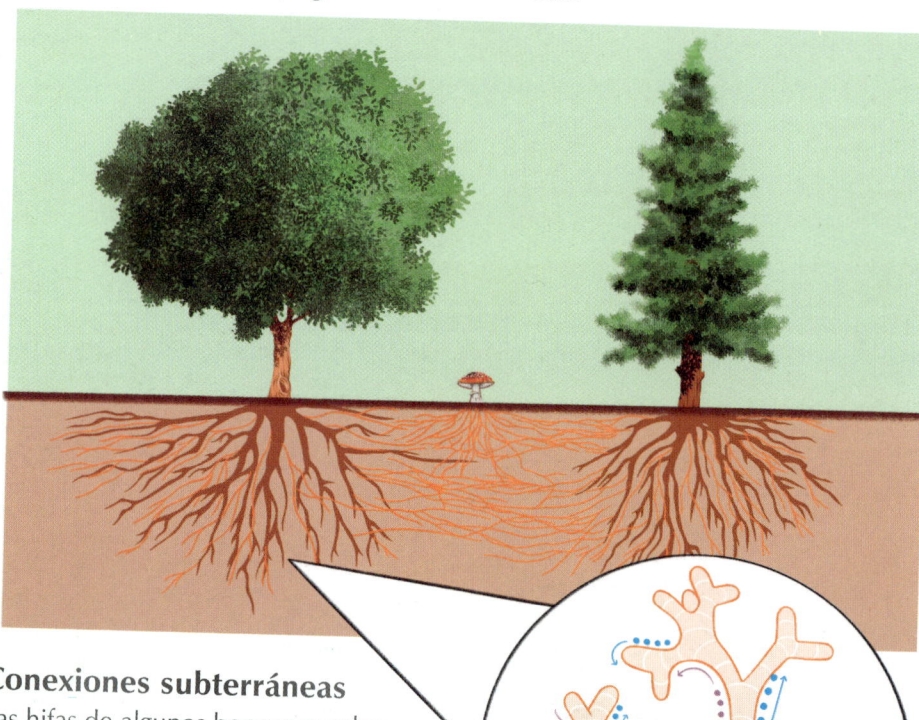

Conexiones subterráneas

Las hifas de algunos hongos pueden establecer conexiones con las raíces de los árboles creciendo a su alrededor como un calcetín y empujándolas hacia dentro. Los hongos le proporcionan nutrientes al árbol y a cambio reciben azúcares. Las hifas también pueden conectar a los árboles entre ellos.

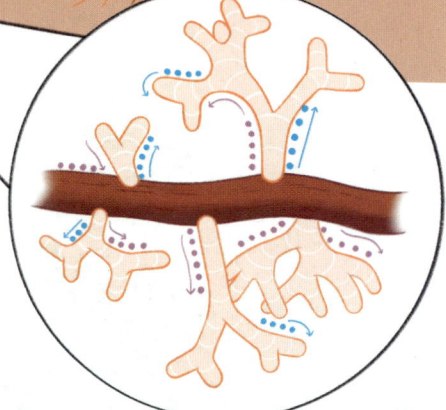

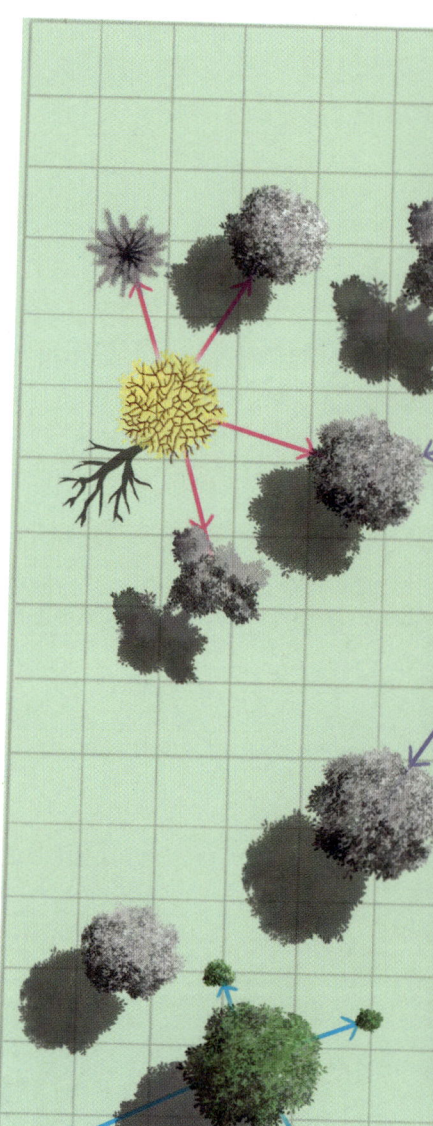

Mapa de la red forestal de hongo

Hongo yesca

LA INTERNET DE LA MADERA

La red de hongos que hay debajo de un bosque funciona un poco como internet, pero para árboles. Estos la utilizan para compartir recursos, como el agua y los nutrientes. También pueden usarla para enviarse químicos entre ellos, para alertarse… o incluso para hacer daño.

Usuarios de la red

En la internet de la madera, los árboles pueden cumplir distintas funciones. Algunos ayudan a sus vecinos a crecer y a florecer. Otros usan la red para robar a sus vecinos o intentar envenenarlos.

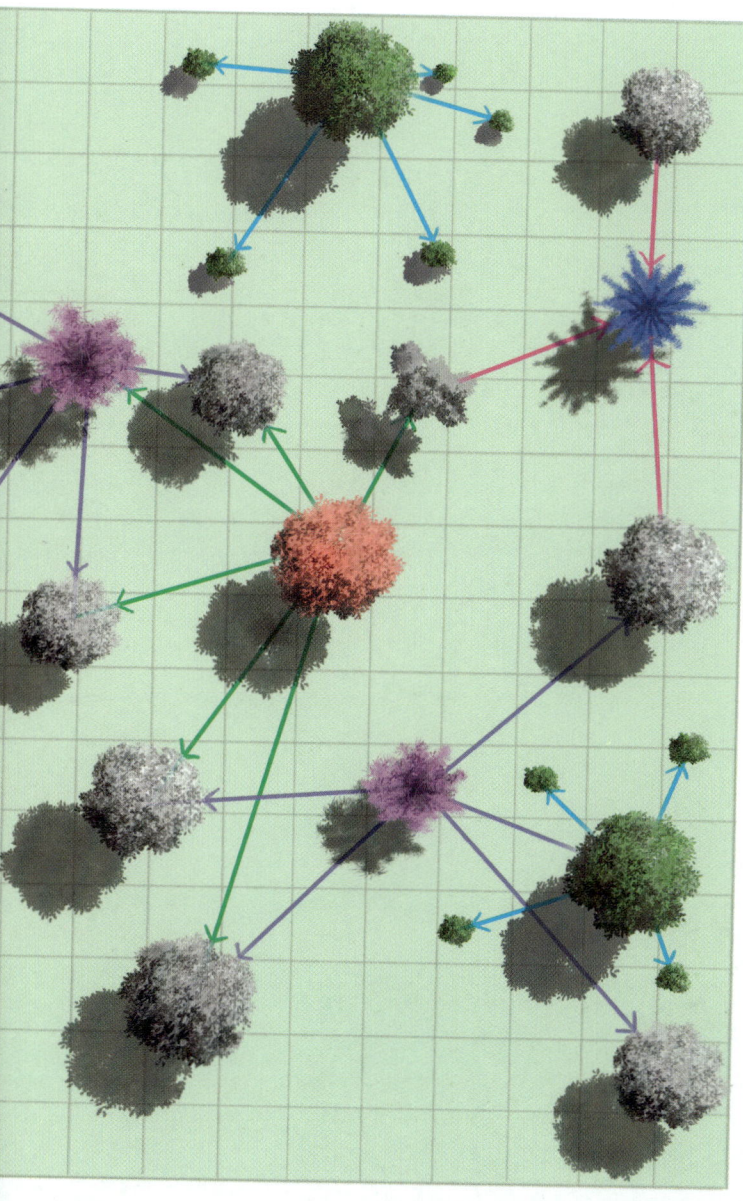

Árboles nodriza
Estos árboles envían azúcares a las plántulas o retoños cercanos.

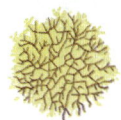

Árboles moribundos
Pueden compartir los nutrientes antes de morir.

Árboles atacados
Pueden enviar señales químicas para pedir ayuda.

Árboles piratas
Pueden robarles nutrientes a otros árboles.

Saboteadores
Pueden enviar químicos tóxicos a otros árboles.

Azúcares

Nutrientes

Señales químicas

Químicos tóxicos

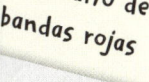
Cortinario de bandas rojas

Pedo de lobo

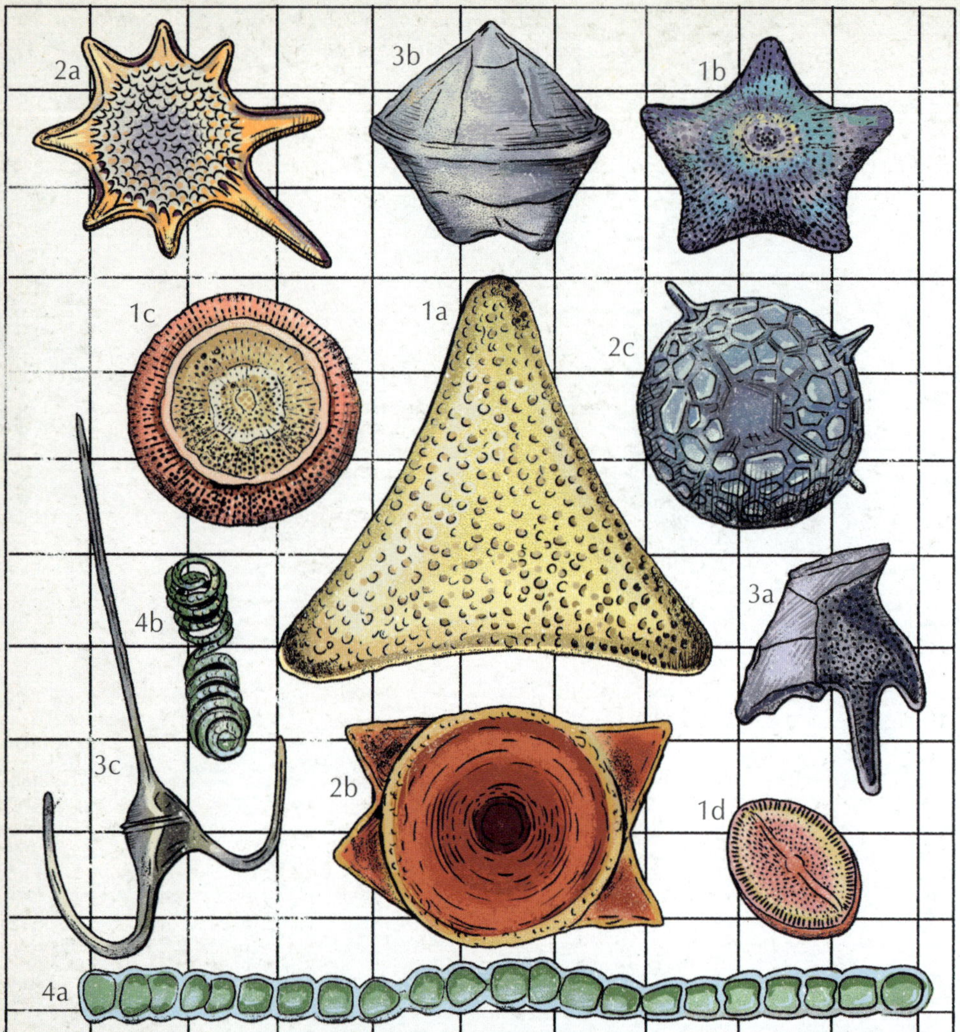

Salmonela
Si se ingieren estas bacterias pueden provocar diarrea, vómitos y calambres.

Shigella
Esta bacteria provoca la disentería, una enfermedad de rápida propagación.

Estreptobacilo
Si te muerde una rata que tiene esta bacteria, contraerás la fiebre por mordedura de rata.

Leptospira interrogans
Esta bacteria provoca insuficiencia renal y hepática.

Cólera
El agua que contiene esta bacteria puede hacerte enfermar de gravedad.

Escherichia coli
Algunas cepas de esta bacteria pueden provocar infecciones intestinales.

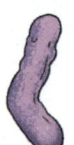

Bifidobacterium longum
Esta bacteria «buena» ayuda a mantener el intestino sano.

Bacillus subtilis
Esta bacteria ayuda a descomponer los alimentos y a combatir enfermedades.

PLANCTON MICROSCÓPICO

Diatomeas
Estos fitoplánctones están relacionados con algas marrones más grandes. Generan mucho oxígeno.

1a) *Tricerantium favus*
1b) *Triceratium formosum*
1c) *Coscinodiscus sp.*
1d) *Navicula sp.*

Dinoflagelados
Cada dinoflagelado cuenta con una sola célula en su cuerpo.

3a) *Dinophysis tripos*
3b) *Protoperidinium leonis*
3c) *Tripos macroceros*

Radiolarios
Estos minúsculos zooplánctones tienen el cuerpo cubierto de conchas delicadas y puntiagudas.

2a) *Heliodiscus*
2b) *Spongastericus quadricornis*
2c) *Spumellaria sp.*

Cyanobacteria
Estas pequeñas bacterias en forma de cadena llevan a cabo la fotosíntesis y obtienen energía de la luz del sol.

4a) *Cylindrospermum*
4b) *Arthrospira platensis*

< Plancton microscópico
El plancton lo forman diminutos seres vivos que viven en el agua. Algunos son plantas llamadas fitoplancton, y otros son animales, el zooplancton. El zooplancton se come al fitoplancton, y ambos sirven de alimento a animales más grandes como los peces o las ballenas.

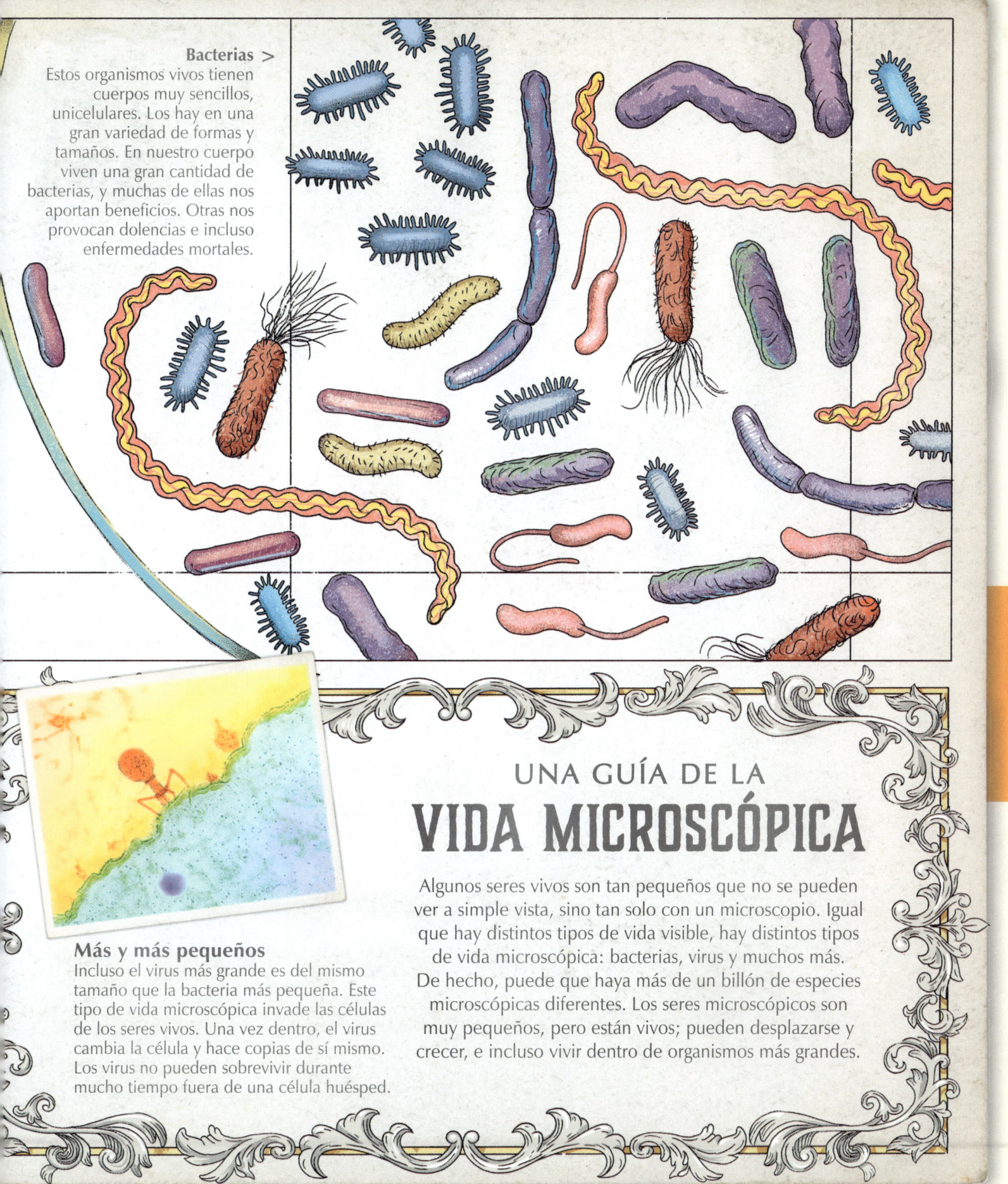

Bacterias >

Estos organismos vivos tienen cuerpos muy sencillos, unicelulares. Los hay en una gran variedad de formas y tamaños. En nuestro cuerpo viven una gran cantidad de bacterias, y muchas de ellas nos aportan beneficios. Otras nos provocan dolencias e incluso enfermedades mortales.

Más y más pequeños

Incluso el virus más grande es del mismo tamaño que la bacteria más pequeña. Este tipo de vida microscópica invade las células de los seres vivos. Una vez dentro, el virus cambia la célula y hace copias de sí mismo. Los virus no pueden sobrevivir durante mucho tiempo fuera de una célula huésped.

UNA GUÍA DE LA
VIDA MICROSCÓPICA

Algunos seres vivos son tan pequeños que no se pueden ver a simple vista, sino tan solo con un microscopio. Igual que hay distintos tipos de vida visible, hay distintos tipos de vida microscópica: bacterias, virus y muchos más. De hecho, puede que haya más de un billón de especies microscópicas diferentes. Los seres microscópicos son muy pequeños, pero están vivos; pueden desplazarse y crecer, e incluso vivir dentro de organismos más grandes.

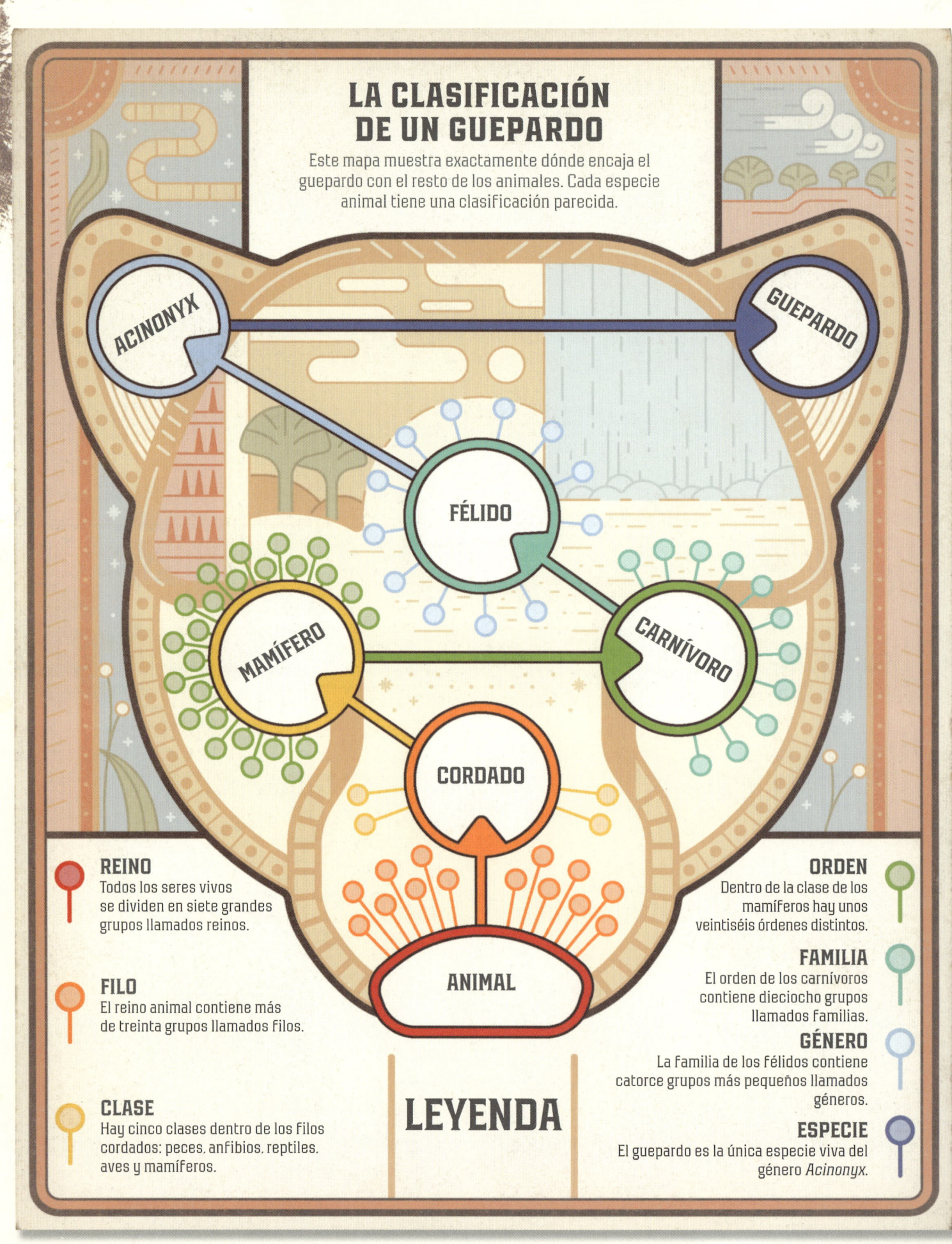

LA CLASIFICACIÓN DE UN GUEPARDO

Este mapa muestra exactamente dónde encaja el guepardo con el resto de los animales. Cada especie animal tiene una clasificación parecida.

ACINONYX

GUEPARDO

FÉLIDO

MAMÍFERO

CARNÍVORO

CORDADO

ANIMAL

REINO
Todos los seres vivos se dividen en siete grandes grupos llamados reinos.

FILO
El reino animal contiene más de treinta grupos llamados filos.

CLASE
Hay cinco clases dentro de los filos cordados: peces, anfibios, reptiles, aves y mamíferos.

LEYENDA

ORDEN
Dentro de la clase de los mamíferos hay unos veintiséis órdenes distintos.

FAMILIA
El orden de los carnívoros contiene dieciocho grupos llamados familias.

GÉNERO
La familia de los félidos contiene catorce grupos más pequeños llamados géneros.

ESPECIE
El guepardo es la única especie viva del género *Acinonyx*.

LOS GRUPOS DE ANIMALES

En la Tierra hay una variedad descomunal de animales, de diferentes formas, tamaños o costumbres. Para llevar un registro de cuál es cuál, los científicos los organizan en grupos según las características que comparten. Este sistema de organización se denomina clasificación. El primer conjunto analiza si un animal dispone de un esqueleto interno. Después, los grupos se van haciendo cada vez más específicos, con divisiones basadas en si el animal tiene escamas, en si pone huevos, y así sucesivamente.

^

LA PRIMERA CLASIFICACIÓN

Los científicos empezaron a clasificar los animales y las plantas en el siglo XVIII. Los nombres científicos en dos partes los sugirió un naturalista sueco, Carl Linneo, en 1758.

¿QUÉ SIGNIFICA UN NOMBRE?

Los nombres científicos de los animales se componen generalmente de dos partes. La primera es el nombre del género, uno de los grupos al que pertenece el animal. El segundo es el nombre único de su especie.

Nombre común

Léon

Nombre científico

Panthera   *leo*

Género   Especie

GUEPARDO El guepardo es una especie concreta, pero que pertenece a varios grupos.

ACINONYX Es un género de la familia de los félidos, que agrupa a felinos como los guepardos.

FÉLIDOS También conocidos como felinos, es una familia de los mamíferos.

CARNÍVOROS Este orden de mamíferos tiene unos dientes caninos afilados que utilizan para desgarrar la carne.

MAMÍFEROS Los animales de esta clase suelen tener pelaje y alimentan a sus crías con leche.

CORDADOS En este filo se encuentran los vertebrados, animales con esqueleto interno.

ANIMAL Este es uno de los siete reinos de la vida. Los otros incluyen las plantas y los hongos.

LOS INVERTEBRADOS

Cuando pensamos en animales, a menudo lo hacemos en esas monadas peluditas que tenemos como mascotas. Pero esos animales peluditos son solo una pequeña parte del reino animal. De hecho, el grupo más grande de animales, los invertebrados, no son nada peludos; son suaves, viscosos y no son fáciles de tocar. Tienen multitud de formas y tamaños. Insectos, arañas, gusanos, cangrejos y calamares son todos ellos parte del grupo invertebrado, junto con toda clase de seres diferentes.

GRUPOS > INVERTEBRADOS

Existen 35 grupos principales de animales (filos) y en 34 de ellos hay invertebrados. El grupo de invertebrados más grande es el de los artrópodos, entre los que están los insectos, los arácnidos, los crustáceos y los miriápodos.

¿Qué son los invertebrados?

Todos los invertebrados comparten los mismos rasgos básicos. No tienen esqueleto interno, de ahí viene su nombre: invertebrado significa «sin columna vertebral». También son de sangre fría, y sus crías salen de huevos.

Mosquito antártico

Caracol

Sin esqueleto dentro del cuerpo

De sangre fría

Pone huevos

¡El 97% de los animales son invertebrados!

¿Dónde los encontramos?

Las especies de invertebrados viven en casi todas partes. Vuelan por el cielo, caminan por el suelo, se meten bajo tierra y nadan por el agua. Algunos de ellos habitan en regiones muy gélidas, como la Antártida.

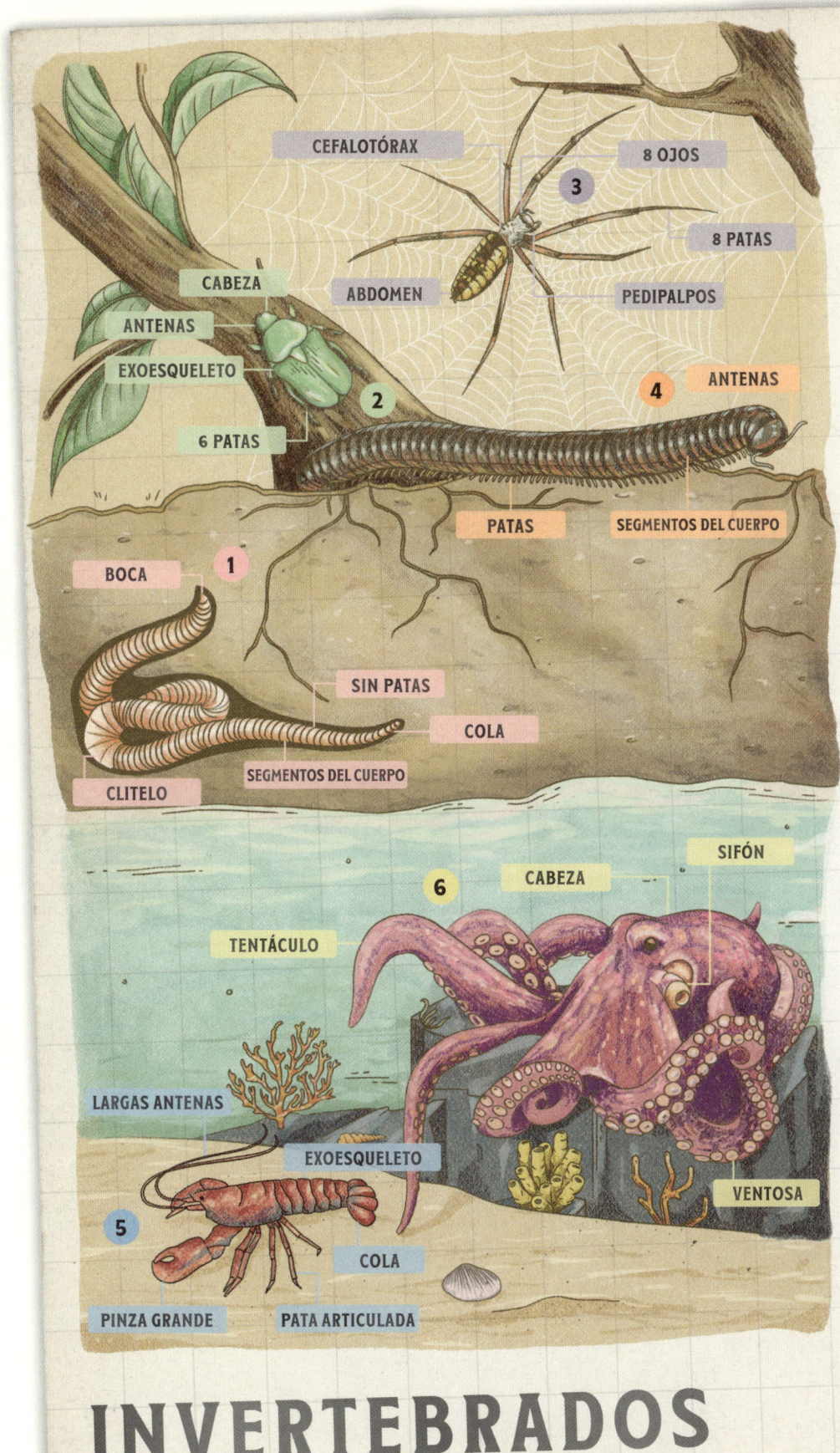

CEFALOTÓRAX

8 OJOS

8 PATAS

CABEZA

ABDOMEN

PEDIPALPOS

ANTENAS

EXOESQUELETO

ANTENAS

6 PATAS

PATAS

SEGMENTOS DEL CUERPO

BOCA

SIN PATAS

COLA

SEGMENTOS DEL CUERPO

CLITELO

SIFÓN

CABEZA

TENTÁCULO

LARGAS ANTENAS

EXOESQUELETO

VENTOSA

COLA

PINZA GRANDE

PATA ARTICULADA

INVERTEBRADOS

1 GUSANOS

El grupo de los gusanos tiene cuerpos finos y alargados sin patas. Algunos gusanos nadan, otros escarban en el suelo.

2 INSECTOS

Los insectos tienen seis patas, cuerpo de tres partes (cabeza, tórax y abdomen) y antenas que les ayudan a percibir las cosas. Los escarabajos son insectos, al igual que las hormigas, las abejas y las polillas.

3 ARÁCNIDOS

Los miembros de este grupo tienen ocho patas y su cuerpo se compone de dos partes (cefalotórax y abdomen). Los arácnidos tienen muchos ojos y unas piezas bucales especializadas para agarrar a su presa llamadas pedipalpos. A este grupo pertenecen las arañas, así como los escorpiones y las garrapatas.

4 MIRIÁPODOS

Los miriápodos tienen cuerpos con muchos segmentos, y cada segmento cuenta al menos con un par de patas. Los milpiés y los ciempiés son miriápodos.

5 CRUSTÁCEOS

Todos los miembros de este grupo tienen un exoesqueleto protector en forma de armadura y patas articuladas. Casi todos los crustáceos viven en el agua. Los cangrejos y las langostas pertenecen a este grupo.

6 MOLUSCOS

La totalidad de los moluscos tienen el cuerpo blando y algunos, como los caracoles, también poseen un grueso caparazón externo. Los pulpos, los calamares y las ostras son moluscos.

La naturaleza

Un cuadro con ejemplos de los grupos de invertebrados

LOS INSECTOS

Los insectos son un tipo de invertebrados que aunque ; no tienen esqueleto interno, sí disponen de una gruesa capa externa llamada exoesqueleto. De adultos, el cuerpo de todos los insectos se divide en tres secciones, con tres pares de patas y dos pares de alas, aunque el segundo par puede ser muy pequeño. Seguro que te has dado cuenta de que hay varios tipos diferentes de insectos, pero es que hay millones, entre ellos los escarabajos, las chinches, las moscas, las polillas y las libélulas.

Tres partes

El cuerpo de todos los insectos adultos se divide en tres partes: una cabeza, un tórax y un abdomen. En la cabeza tienen un par de sensores llamados antenas. Las patas y las alas están unidas al tórax, y el abdomen contiene los órganos vitales del insecto.

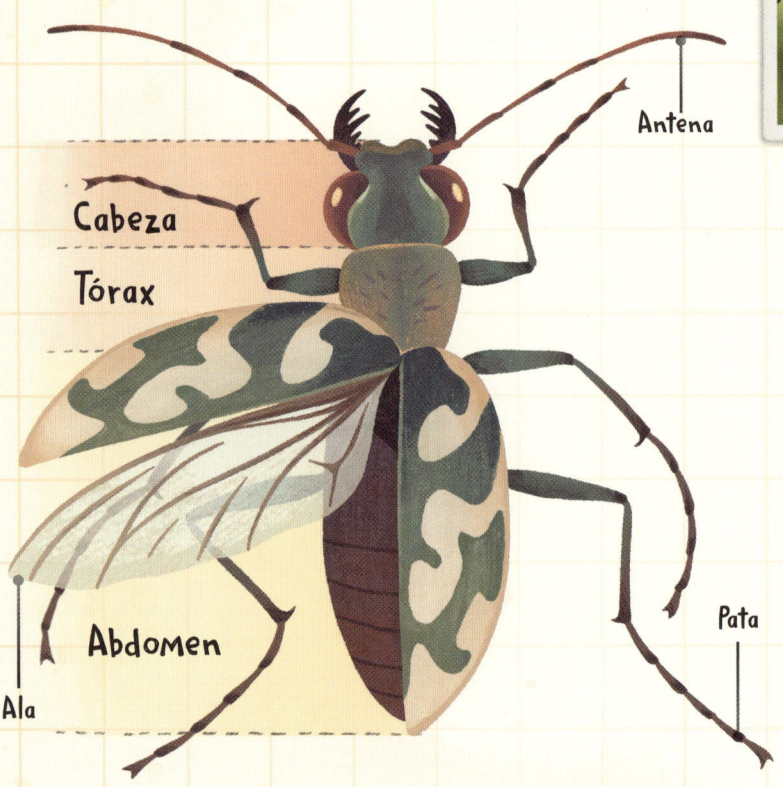

Antena

Cabeza

Tórax

Abdomen

Ala

Pata

TIPOS DE INSECTOS

Los escarabajos tienen un juego de alas frontales duras, que cubren y protegen el juego de alas voladoras que tienen debajo.

Saco alar

Las chinches tienen una pieza bucal afilada, que utilizan para perforar la carne de animales o plantas y luego succionarles el alimento.

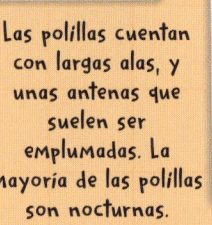

Las libélulas tienen grandes ojos, alas transparentes y un cuerpo alargado, que suele ser de colores brillantes.

Las polillas cuentan con largas alas, y unas antenas que suelen ser emplumadas. La mayoría de las polillas son nocturnas.

Muchas abejas tienen franjas amarillas y negras, pero también pueden ser de otros colores.

CICLOS DE LA VIDA

2. Oruga

1. Huevo

4. Mariposa

3. Crisálida

Ciclo de vida de la mariposa

Metamorfosis

Algunos insectos, como las mariposas, las hormigas y las moscas experimentan grandes cambios al crecer. A este proceso se le llama metamorfosis. Ocurre en cuatro fases: el insecto comienza su vida como un huevo, eclosiona como larva, forma una cápsula dura llamada crisálida, y luego sale de la crisálida en forma adulta.

< FASES DE LA MARIPOSA

Una mariposa pone su huevo en una planta o en un árbol. La larva, llamada oruga, se alimenta de las hojas cuando eclosiona. Se construye a su alrededor una cápsula llamada crisálida, y luego sale de ella como mariposa.

La naturaleza

POLINIZADORES

¿Qué es la polinización?

Para que las plantas produzcan semillas, el polen tiene que ser transferido de una flor a otra del mismo tipo. Muchas plantas utilizan a insectos para que transporten su polen a cambio de una recompensa en forma de néctar azucarado. A los insectos que llevan el polen se les llama polinizadores. Las abejas melíferas son importantes polinizadoras, pues visitan muchas flores distintas en busca de su néctar.

La abeja visita una flor en busca de néctar dulce.

El polen de la flor se queda pegado al cuerpo de la abeja.

El polen se transfiere a la siguiente flor, polinizándola.

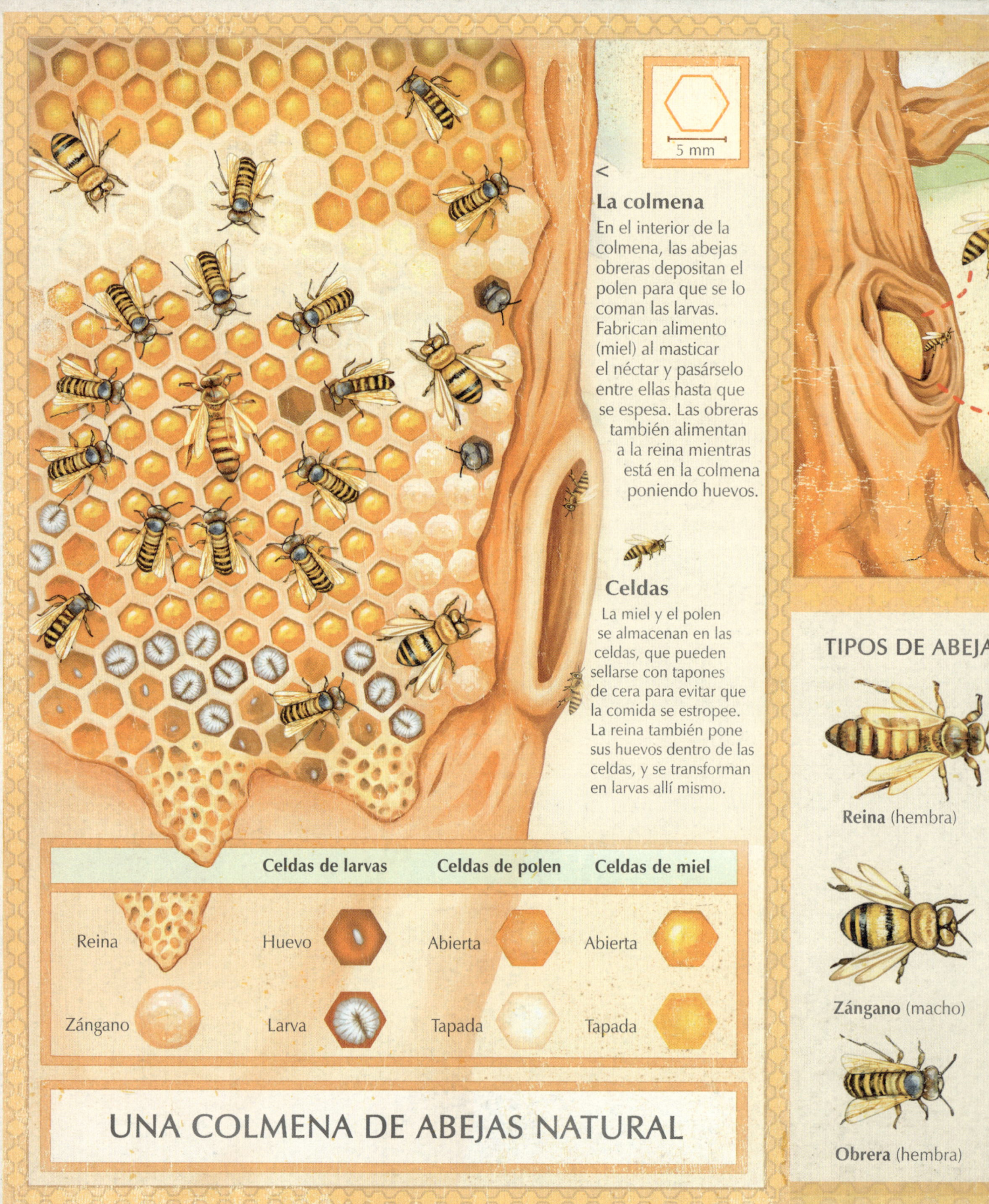

La colmena

En el interior de la colmena, las abejas obreras depositan el polen para que se lo coman las larvas. Fabrican alimento (miel) al masticar el néctar y pasárselo entre ellas hasta que se espesa. Las obreras también alimentan a la reina mientras está en la colmena poniendo huevos.

Celdas

La miel y el polen se almacenan en las celdas, que pueden sellarse con tapones de cera para evitar que la comida se estropee. La reina también pone sus huevos dentro de las celdas, y se transforman en larvas allí mismo.

5 mm

	Celdas de larvas	Celdas de polen	Celdas de miel
Reina	Huevo — Abierta	Abierta	
Zángano	Larva — Tapada	Tapada	

UNA COLMENA DE ABEJAS NATURAL

TIPOS DE ABEJA

Reina (hembra)

Zángano (macho)

Obrera (hembra)

Una guía de las abejas

Manzano Consuelda Trébol rojo Sauce cabruno Diente de león

TRAYECTORIA DE VUELO DE UNA ABEJA MELÍFERA

∧
Polinización

Las plantas necesitan polinizadores, como las abejas, que las ayuden a producir semillas. Cuando la abeja sale volando de la colmena, visita una serie de flores, que la rocían de polen con sus anteras (partes masculinas), y cuando se aleja volando se lleva el polen con ella. En la siguiente parada, el polen se queda en la parte femenina de la flor, llamada estigma, y puede empezar a formarse una semilla.

< Tipos de abeja melífera

Cada colmena tiene una sola reina. Ella pone todos los huevos de la colonia, hasta 2000 al día. Los zánganos son abejas macho que copulan con las reinas, generalmente de otras colmenas, para que puedan producir huevos. Las obreras consiguen la comida y defienden la colmena. A diferencia de los zánganos, ellas disponen de un aguijón.

UNA GUÍA DE LAS
ABEJAS MELÍFERAS

Entre los millones de especies de insectos, hay unas 20 000 especies de abejas, y entre ellas están las abejas melíferas. Estos atareados bichitos desempeñan un papel esencial para ayudar a que crezcan nuevas plantas, al transportar el polen de flor en flor en la parte superior peluda de su cuerpo. Visitan las flores para recolectar néctar y polen, que llevan de vuelta a su bulliciosa colmena.

Panal

Las abejas obreras construyen panales utilizando cera. Su cuerpo produce pedacitos de cera, que luego mastican para ablandarla, antes de añadirla a la estructura.

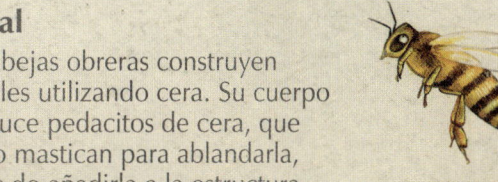

LOS PECES

Los peces, cuyo cuerpo está perfectamente adaptado al medio, se pasan la vida en el agua. Pueden respirar bajo la superficie, y su cuerpo aerodinámico y liso avanza fácilmente. También hay peces que tienen características únicas. Los pequeños caballitos de mar, que se camuflan cuidadosamente, y los descomunales tiburones de dientes afilados son dos ejemplos de peces. Todos ellos viven en el agua y son de sangre fría.

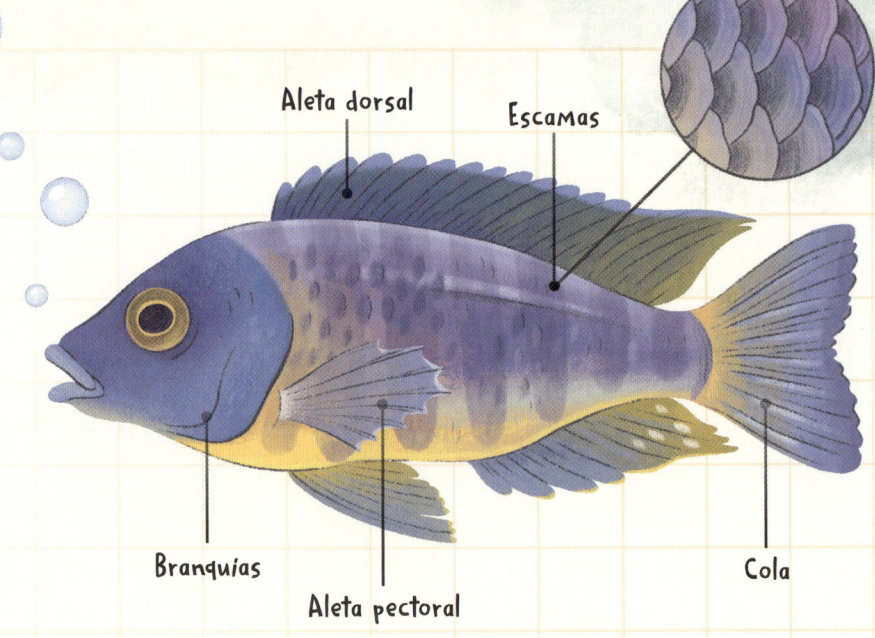

Aleta dorsal

Escamas

Branquias

Aleta pectoral

Cola

Partes de un pez

Muchos peces tienen aletas en la parte superior, inferior y a los lados del cuerpo, y colas que mueven lateralmente y les impulsan hacia delante en el agua. El cuerpo de los peces está recubierto de pequeñas escamas superpuestas, y respira a través de unos órganos llamados branquias.

TIPOS DE PECES

Hay miles de tipos distintos de peces. Todos ellos están clasificados en tres categorías principales, según su esqueleto.

Pez bruja

Carpa koi

Raya motoro

NO MANDIBULADOS

Estos peces tienen bocas musculosas, sin mandíbulas. Fueron los primeros peces que existieron hace cientos de millones de años.

ÓSEOS

Como sugiere su nombre, estos peces tienen huesos en forma de esqueleto interno. A diferencia de los peces cartilaginosos, sus huesos son duros.

CARTILAGINOSOS

Estos peces también tienen esqueleto, pero está hecho de cartílagos, no de hueso. El cartílago es duro y fuerte, pero más flexible que el hueso.

LOS HUEVOS DE LOS PECES

Algunos peces dan a luz a crías vivas, mientras que otros ponen huevos. Los huevos de los peces pueden tener varias formas, y aquí tienes unos cuantos ejemplos.

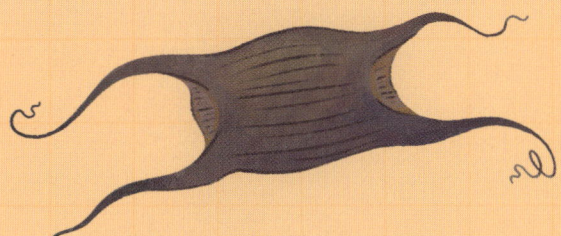

Cápsulas de huevos

Algunos tiburones y algunas rayas ponen los huevos en unos bolsitos de piel, a los que también se llama bolsos de sirena. La cría del pez sale del cascarón y luego se escurre fuera de la bolsa.

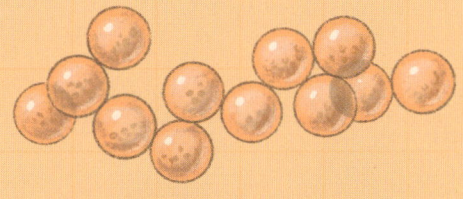

Huevos de arena

Los pejerreyes californianos salen arrastrándose del mar hacia la orilla para poner sus huevos en la arena. Los huevos acaban arrastrados hacia el mar, donde eclosionan.

Huevos acuáticos

El pez gato pone sus huevos en rincones y recovecos bajo el agua. Algunos tipos de pez gato vigilan sus huevos hasta que eclosionan.

∧

TIBURONES

Los tiburones también son peces, peces cartilaginosos para ser exactos. Muchos de ellos son superdepredadores, expertos cazadores a los que no da caza ningún otro animal. Los tiburones tienen hileras de dientes increíblemente afilados, que les permiten desgarrar a sus presas.

AGUA SALADA Y AGUA DULCE

El agua se divide entre salada y dulce. El agua salada contiene minerales disueltos que le dan un gusto salado. Muchas especies de peces viven en uno u otro tipo de agua. Algunos, como los salmones, viajan del agua salada a la dulce para reproducirse.

∨

LAS ANGUILAS EUROPEAS

Las anguilas son unos peces de cuerpo alargado y con forma de serpiente. Empiezan su vida como huevos, luego crecen y pasan poco a poco por varias fases hasta convertirse en adultas. El ciclo vital de las anguilas europeas no es sencillo. Emprenden un viaje que las lleva hasta los límites del océano Atlántico. Por el camino, se transforman en estadios tan diferentes que se llegó a pensar que eran especies distintas.

Anguilas no tan europeas >

Las anguilas europeas alcanzan su forma adulta en Europa, pero nadan hasta el mar de los Sargazos —que está más cerca de la costa de Norteamérica— para desovar. Cuando los huevos han eclosionado, las jóvenes anguilas se desarrollan a través de una serie de etapas vitales, cada una de ellas en un hábitat y una ubicación distintos.

EL MISTERIOSO VIAJE

LEYENDA

Rango de agua dulce de la anguila europea silvestre

Lugar de desove de la anguila europea silvestre

Desove
Las anguilas adultas desovan en el mar de los Sargazos.

Mar de los Sargazos

Huevo
Los huevos van flotando hasta que están listos para eclosionar.

Anguila tijera

¡Hay más de 800 especies distintas de anguilas! La mayoría de ellas cazan otros animales.

Anguila morena gigante

Y CICLO DE LA VIDA DE LA ANGUILA EUROPEA

Anguila plateada
Las anguilas completamente adultas, llamadas anguilas plateadas, vuelven al mar de los Sargazos.

Anguila amarilla
Las anguilas adultas jóvenes son de color amarillo. Permanecen en los ríos durante unos veinte años.

CONTINENTE
(agua dulce)

OCÉANO
(agua salada)

Angula transparente
Las larvas se convierten en angulas, que viven en los estuarios europeos.

Leptocéfalo
Los huevos eclosionan en larvas con forma de hoja, que cruzan a nado el océano Atlántico y vuelven a Europa.

Angula
El cuerpo de las angulas transparentes se hace más oscuro. Estas angulas viven en los ríos.

Pez pelícano

< TIPOS DE ANGUILAS
La anguila europea es solo una especie entre muchas. Podemos encontrar anguilas tanto en hábitats de agua dulce como en los de agua salada. Hay una gran variedad de estilos de vida. Por ejemplo, algunas viven en las grietas de los arrecifes de coral, mientras que otras lo hacen en las profundidades oceánicas, donde no hay luz natural.

TIPOS DE ANFIBIO

Todos los anfibios tienen algunas cosas clave en común. Pueden respirar a través de la piel, que debe estar húmeda para que se lleve a cabo este proceso. Son de sangre fría y muchos de ellos ponen huevos. Dividimos los anfibios en tres grupos según su cuerpo y la cantidad de patas que tienen.

Salamandra común

SALAMANDRAS

Estos anfibios tienen cuerpo como de lagarto, con cuatro extremidades del mismo tamaño.

Sapo de caña

RANAS Y SAPOS

Los anfibios de esta categoría tienen fuertes y largas patas traseras y patas delanteras más cortas.

CECILIAS

Las cecilias tienen aspecto de gusano, como esta cecilia púrpura, y no cuentan con ninguna extremidad.

LOS ANFIBIOS

Las ranas, los sapos, los tritones y las salamandras pertenecen todos a este mismo grupo de animales: los anfibios. Los anfibios pasan gran parte de su vida en el agua, o al menos cerca de ella. El agua es esencial para su modo de vida: deben mantener la piel húmeda para seguir vivos y desovan en el agua. Cuando los huevos eclosionan, los renacuajos recién nacidos pasan por una serie de cambios corporales antes de convertirse en adultos, en un proceso llamado metamorfosis.

UNA RANA INSÓLITA

La mayoría de las ranas empiezan como renacuajos y crecen transformándose en ranas más grandes, pero la rana paradójica (o rana patito) es distinta. Tiene renacuajos que llegan a medir 22 cm de longitud, pero una rana patito adulta solo mide 8 cm.

Patas delanteras

Cabeza

Tronco

Patas traseras

PARTES DE UNA RANA

Las ranas y los sapos son vertebrados; tienen espina dorsal, como nosotros. Sus órganos internos también son muy parecidos a los nuestros. Las cuatro secciones principales de su cuerpo son: cabeza, patas delanteras, tronco y patas traseras.

CICLO VITAL DE LA RANA EUROPEA COMÚN

1 — HUEVAS DE RANA	2 — RENACUAJOS	3 — RANA JOVEN	4 — RANA
Una rana hembra pone en el agua un montón de huevos redondos y recubiertos de gelatina llamados huevas de rana.	Los renacuajos eclosionan de las huevas. Viven en el agua y tienen cola. Les salen patas traseras y después delanteras.	Con el tiempo, los renacuajos se transforman en ranas jóvenes. Tienen cuatro patas rechonchas y una cola más corta.	Finalmente, las ranas jóvenes se transforman en ranas adultas, que pueden vivir dentro o fuera del agua.
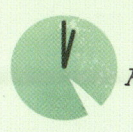 UNOS POCOS DÍAS	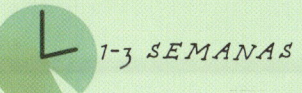 1-3 SEMANAS	 12 SEMANAS DESPUÉS DE ECLOSIONAR	 UNAS 14 SEMANAS

LOS REPTILES

Los reptiles llevan existiendo en la Tierra desde hace más de 300 000 millones de años, que es mucho antes de que aparecieran los primeros dinosaurios. Casi todos ellos son carnívoros y tienen aptitudes para la caza adaptadas a su entorno. La única excepción son las tortugas, que comen plantas, lo cual es una suerte, porque son demasiado lentas para poder dar caza a una presa. Encontramos reptiles en casi todos los hábitats de la Tierra.

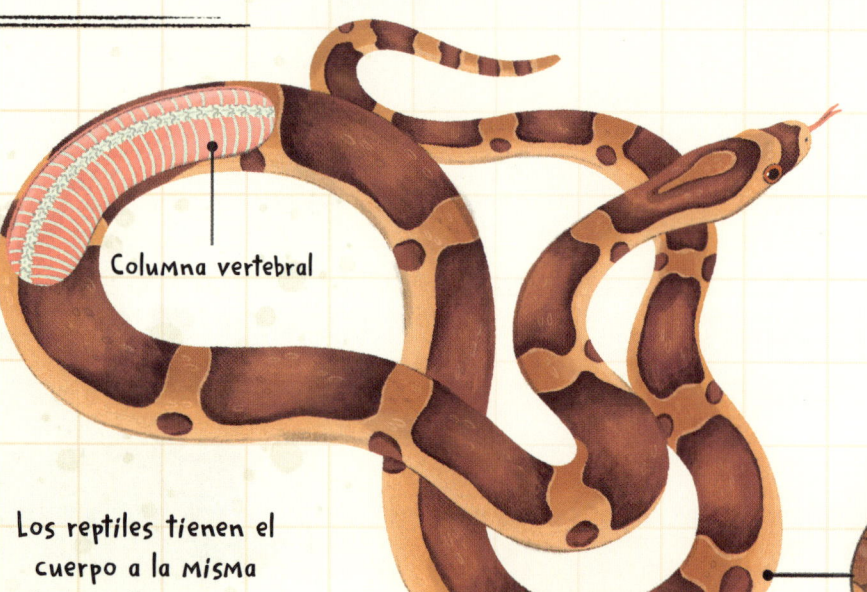

Columna vertebral

Los reptiles tienen el cuerpo a la misma temperatura que su entorno. Se calientan con la luz del sol.

Características del reptil

Todos los reptiles tienen varias cosas en común. Son vertebrados, tienen un esqueleto interno duro, son de sangre fría y la mayoría de ellos ponen huevos. La piel del reptil es dura e impermeable, lo que le permite vivir en lugares extremadamente secos.

Escamas

Una armadura de escamas duras protege la piel del reptil. A menudo, las escamas se superponen.

TIPOS DE REPTIL

Los distintos tipos de reptil se dividen en cinco grupos, según la forma del cuerpo y sus características. Algunos viven en la tierra y otros pasan la mayor parte del tiempo en el agua.

Iguana

LAGARTO

La mayoría de los lagartos tienen cuatro patas y una larga cola, pero algunos no tienen patas. Es el grupo más grande de reptiles, con más de 6000 especies.

TORTUGAS MARINAS Y TERRESTRES

Estos reptiles tienen un caparazón duro sobre la espalda. Las tortugas terrestres viven en la tierra y las marinas en el mar.

Tortuga verde

Cría de lagartija de turbera

< MUDAR DE PIEL

La piel de los reptiles no se estira cuando crecen. Así que, de vez en cuando se despojan de su piel vieja y dejan a la vista debajo una nueva. Algunos reptiles mudan de piel por secciones, pero las serpientes la mudan toda de una vez, con una sola pieza larga.

Veo veo

Los ojos de los reptiles parecen distintos dependiendo de si están activos a la luz del día (diurna) o de la noche (nocturna). Los ojos redondos del reptil diurno pueden absorber grandes cantidades de luz natural. Los ojos en forma de hendidura vertical del reptil nocturno pueden cerrarse mucho para evitar la brillante luz diurna.

Huevos de serpiente del maíz eclosionando

Diurna

Nocturna

Tortuga pintada

Boa constrictor

REPTILES JÓVENES

Unos cuantos reptiles, como la lagartija de turbera, dan a luz crías, pero la mayoría ponen huevos. Los huevos de los reptiles tienen un cascarón impermeable coriáceo que evita que se sequen. Las crías crecen en el interior del huevo y luego rompen el cascarón para salir.

SERPIENTES

Las serpientes no tienen extremidades. Disponen de unas mandíbulas que les permiten tragarse a su presa entera de un solo bocado. Algunas son venenosas.

TUÁTARAS

Es un grupo del tipo lagartija. Hoy en día solo existe una especie, pero hubo muchas más hace unos 200 millones de años.

Cocodrilo del Nilo

COCODRILOS

Los caimanes y los cocodrilos tienen cuatro patas, cuerpo acorazado y dientes afilados. Son expertos cazadores en aguas poco profundas.

Víbora azul

Tuátara

EL RECORRIDO DE LA TORTUGA

Las tortugas marinas son grandes y robustas, pero para convertirse en adultas tienen que sobrevivir a una dura prueba, que empieza en el momento de nacer cuando deben conseguir llegar al océano. Aproximadamente, solo una de cada mil crías de tortuga laúd sobrevivirá al viaje hacia la edad adulta.

2

1

LA TORTUGA MADRE ABANDONA EL NIDO Y VUELVE AL MAR.

Volver a casa

Las tortugas marinas adultas regresan a la playa en la que eclosionaron para desovar sus propios huevos. Pueden percibir el campo magnético invisible de la Tierra y utilizarlo como mapa que les guíe de vuelta a su playa natal, año tras año.

1

RUMBO A LA PLAYA

La tortuga laúd hembra se arrastra fuera del mar hasta la playa, hacia una zona que no inunde la marea alta. Con las aletas delanteras cava un hoyo para sí misma en el que, se instala y una vez en él cava un hoyo para sus huevos con las aletas traseras.

2

EL DESOVE

Pone en el hoyo cincuenta huevos o más con forma de pelota de ping-pong. A estos huevos de cáscara suave los protege una gruesa capa de mucosa para que no se rompan al caer en la cavidad para los huevos.

3

SALIR DEL CASCARÓN

Los huevos se quedan enterrados en la arena caliente entre 45 y 70 días. Luego, las pequeñas crías de tortuga rompen el cascarón y salen de él. Se ocultan en el nido hasta que todos los huevos hayan eclosionado.

El viaje de una cría de tortuga laúd

Luces brillantes

Las crías de tortuga se dirigen a la luz más brillante que ven, que de forma natural está sobre el mar. Pero las luces eléctricas, como las del alumbrado público, pueden hacer que se extravíen y que se dirijan tierra adentro en vez de hacia el mar.

LOS DEPREDADORES REVOLOTEAN ALREDEDOR, DESEOSOS DE ALIMENTARSE DE LAS CRÍAS DE TORTUGA.

4
RECORRIDO NOCTURNO

Las crías esperan a que la arena se enfríe, señal de que es de noche. Entonces, al amparo de la oscuridad, salen arrastrándose y bajan por la playa hacia el mar.

5
SEGUIR LA LUZ

Las crías utilizan la pendiente de la playa y el brillo de la luz natural sobre el mar para que les ayuden a encontrar el camino hacia el agua.

6
¡SIGUE NADANDO!

Cuando llegan al agua empiezan a nadar. Como los depredadores pueden divisarlas fácilmente en las aguas poco profundas, donde hay menos agua para pasar desapercibidas, se dirigen a las aguas más profundas.

7
HORA DE COMER

Las crías que sobreviven al viaje estarán solas, vivirán en mar abierto sin el apoyo de sus progenitores. Se alimentan de pequeñas criaturas marinas, como moluscos y crustáceos, huevas de peces y algas.

LAS AVES

La mayoría de las aves tienen cuerpos perfectamente adaptados para volar, con huesos ligeros, plumas y un contorno liso. Sin embargo, no todas vuelan. Algunos grupos, como los avestruces y los pingüinos, no pueden volar, pero pueden correr y nadar. Las aves pueden ser expertas cazadoras, y a estas se las puede ver a grandes alturas al acecho de animales pequeños más abajo. Otras aves se quedan más cerca del suelo, en busca de semillas, fruta o insectos de los que alimentarse.

Forma optimizada para volar

Pico

Alas

Plumas

Cola

Garras

Características de las aves

Las aves son vertebrados, es decir, que tienen un esqueleto interno hecho de huesos. También son los únicos animales que tienen plumas, estructuras suaves y ligeras hechas de queratina que las mantienen calientes y les permiten volar.

TIPOS DE VUELO

Carpintero verde

ALETEO
Para aletear, un ave bate las alas y luego las recoge, creando un efecto de rebote.

Colibrí

ESTACIONARIO
Para quedarse en el aire en un lugar fijo, un ave tiene que flotar, batiendo las alas hacia delante y hacia atrás con gran rapidez.

PLANEO DESCENDENTE
Algunas aves planean suavemente durante largas distancias. No baten las alas hasta que quieren elevarse más en el aire.

Cernícalo

PLANEO ASCENDENTE
Para planear hacia arriba, el ave aprovecha una corriente de aire ascendente. Las aves solo pueden planear de manera ascendente en lugares donde existan estas corrientes de aire.

Águila

Nidos

Las aves construyen nidos para tener un lugar seguro donde poner sus huevos y criar a sus polluelos. Hacen los nidos con una gran variedad de materiales, y su forma cambia de especie a especie. El petirrojo europeo construye el típico nido en forma de taza, mientras que el tejedor común crea una estructura más compleja con una entrada alargada.

∧ LIGERO COMO UNA PLUMA

Los huesos del ave no son sólidos, sino que mayoritariamente son huecos, con estructuras entrecruzadas para aguantarlos. Esto hace que los huesos sean superligeros y permitan a las aves volar.

Nido de un tejedor común

Nido de un petirrojo europeo

LA ECLOSIÓN

Salir del cascarón

Muchos animales ponen huevos, pero solo los de las aves son de cáscara dura, de los cuales saldrán los polluelos. Para conseguirlo, tienen que utilizar el pico a fin de romper el cascarón. Estos dibujos muestran cómo es el proceso de eclosión para una cría de ganso o ansarino.

El ansarino empieza a moverse dentro del huevo.

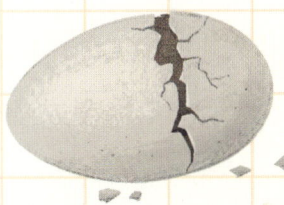

El ansarino empieza a picotear el huevo y, hace un círculo de agujeros.

El ansarino se retuerce para salir del huevo y luego descansa.

Al ansarino se le secan las plumas, abre los ojos y ya puede caminar.

VOLAR ALTO

Algunas aves vuelan de un tirón durante periodos de tiempo considerablemente largos, cruzando continentes sin tocar el suelo en meses. Estos trayectos pueden llevar a enormes alturas sobre el nivel del suelo, llegando incluso a volar más alto que los aviones. Estas son algunas de las aves que vuelan más alto de todo el mundo.

GRULLA COMÚN
10 058 m

9000 m — Monte Everest — Avión de reacción

7620 m

6000 m

4572 m

ÁGUILA CALVA
3048 m

GOLONDRINA PURPÚREA
1889 m

3000 m

1500 m

GANSO DE CANADÁ
900 m

NIVEL DEL MAR

Un mapa que muestra las altitudes que alcanzan algunas aves

BUITRE MOTEADO
11 309 m

GANSO INDIO
7000 m

Algunos gansos de Canadá vuelan en invierno hacia el sur y viajan 2400 km (1500 millas) en un solo día.

Si no hubiera suficiente comida o agua en invierno allá donde están, las águilas calvas volarán hacia el sur o hacia la costa.

Las golondrinas purpúreas vuelan todos los años de Norteamérica a Sudamérica ida y vuelta.

Las grullas comunes realizan largos viajes migratorios a gran altitud. Vuelan en grupos en forma de V o de Y.

El buitre moteado es el ave que vuela más alto del mundo. Sobrevuela los cielos en busca de comida más abajo.

Los gansos indios vuelan desde sus zonas de apareamiento veraniegas en Asia Central hacia zonas invernales en el sudeste asiático.

VUELO DE MONTAÑA RUSA

Los gansos indios cambian de altitud mientras vuelan. Siguen la forma del paisaje al desplazarse sobre él, subiendo y bajando, y usando las corrientes de aire para ahorrar energía. Su migración anual los lleva justo por encima de las montañas del Himalaya y alcanzan altitudes extremas en las que hay muy poco oxígeno para respirar.

La naturaleza

LOS MAMÍFEROS

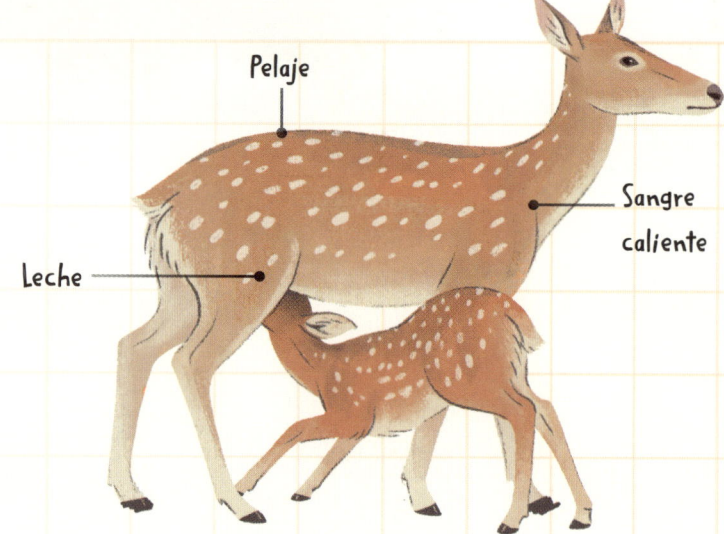

Pelaje

Sangre caliente

Leche

Este es el grupo de animales en el que estás tú. Al igual que los humanos, los animales peludos que solemos tener como mascotas, como los perros y los gatos, también son mamíferos. Entre los mamíferos menos peludos están las ballenas, los delfines y las focas en el mar, y los murciélagos y los elefantes en la tierra. ¡En conjunto, hay más de 5000 tipos distintos de mamíferos! La mayoría de ellos dan a luz a sus crías, en vez de poner huevos como las aves y los reptiles.

Rasgos mamíferos

Todos los mamíferos tienen varios rasgos principales comunes. Son de sangre caliente, producen leche para sus crías y tienen pelo en el cuerpo. Incluso las ballenas tienen pelo, aunque es bastante escaso comparado con el de un mamífero peludo como el ciervo o el oso.

TIPOS DE MAMÍFEROS

Los mamíferos se clasifican en tres grupos principales, dependiendo de cómo tienen a sus crías. Por lo general, estas son una versión más pequeña y menos desarrollada de sus padres.

Ornitorrinco

Canguro

Elefante

MONOTREMAS PONEDORES

Solo dos tipos de mamíferos ponen huevos: los ornitorrincos y los equidnas, ambos procedentes de Oceanía.

MARSUPIALES

Estos animales dan a luz muy pronto. Cuidan de sus crías en una bolsa llamada marsupio.

PLACENTARIOS

Estos mamíferos tienen crías que crecen en el interior de la madre, donde están unidos a un órgano llamado placenta.

POR TODO EL MUNDO

Los mamíferos habitan en una amplia variedad de entornos por todo el mundo. Muchos de ellos viven sobre la tierra, pero no todos; algunos lo hacen bajo tierra o en el agua. Algunos mamíferos viven en desiertos con temperaturas abrasadoras y otros en territorios glaciales.

HIBERNACIÓN

Algunos mamíferos utilizan una técnica muy inteligente que los ayuda a sobrevivir en invierno, cuando la comida escasea. Comen todo lo que pueden en otoño y luego se acurrucan y pasan a una especie de estado de sueño profundo llamado hibernación. Duermen durante todo el invierno y vuelven a despertarse en primavera.

∨

MAMÍFEROS EN MOVIMIENTO

El cuerpo de los mamíferos está adaptado para moverse en una gran variedad de maneras distintas. Aquí tienes algunos ejemplos de movimientos increíbles de los mamíferos.

CORRER

Los guepardos tienen una espina dorsal superflexible que les permite recorrer una enorme distancia con cada salto.

SALTAR

Los conejos poseen unas potentes patas traseras y pueden dar un gran salto en el aire con un solo impulso.

ESCALAR

Las cabras montesas son increíblemente ágiles. Pueden abrirse camino entre estrechos salientes de las montañas sin caerse.

VOLAR

Las manos de los murciélagos se han convertido en alas con membranas de piel entre los dedos. Son expertos voladores.

COLUMPIARSE

Los gibones tienen brazos largos y elásticos que utilizan para columpiarse de árbol en árbol. A esta manera de moverse se le llama braquiación.

NADAR

Las ballenas disponen de cuerpos lisos y aerodinámicos que les permiten moverse con facilidad dentro del agua.

LOS ANIMALES DOMESTICADOS

La palabra «domesticado» significa doméstico o que se ha llevado a casa. La utilizamos para describir los animales que en algún momento fueron salvajes, pero que ahora están amaestrados y criados por los humanos para su alimentación o incluso como mascotas. Durante miles de años, la intervención humana ha cambiado las especies animales, a veces creando un animal que tiene un aspecto y un comportamiento muy distintos a los de su antepasado salvaje. Vacas, ovejas, cabras, cerdos, perros y gatos son todos ellos ejemplos de animales que han sido domesticados.

Plantas domesticadas

También hemos cambiado las plantas con los años. Se seleccionaban las que tenían alguna característica deseada, como unas hojas grandes, y sus semillas se cosechaban y se plantaban como alimento. Esto funciona porque las características de las plantas se transmiten de padres a hijos. La col, el brócoli, el colirrábano y el kale provienen todos ellos de una sola planta.

Pimpollos y tallos grandes

Brócoli

Coliflor

Pimpollos grandes

Colirrábano

Tallos grandes

Hojas grandes

Kale

Col silvestre

UNA GUÍA DE PERROS Y LOBOS

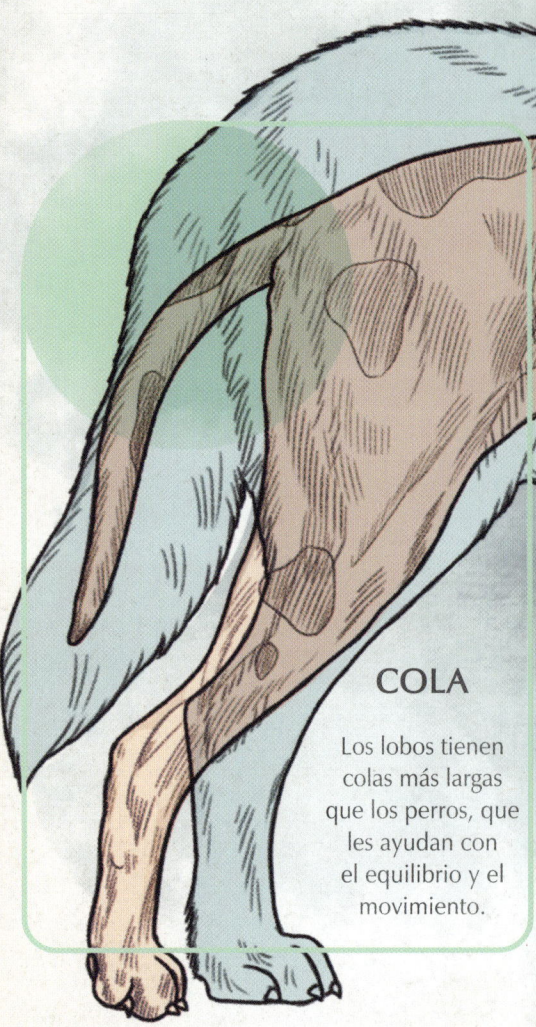

COLA

Los lobos tienen colas más largas que los perros, que les ayudan con el equilibrio y el movimiento.

Los perros domesticados fueron antaño lobos salvajes, pero su cuerpo ha cambiado de manera importante con el tiempo. El de los lobos estaba perfectamente adaptado a la vida salvaje, a cazar para comer. Los perros son mascotas y no tienen que cazar…, ¡pero eso los beneficia pues así a sus dueños les parecen más adorables!

PERRO

LOBO

CABEZA Y MORRO

Los perros han desarrollado un músculo llamado LAOM, que les permite cambiar la expresión y poner «ojos de cachorrito». Los lobos tienen la mirada fija.

El morro de los lobos es más alargado que el de los perros y, probablemente les permite tener más receptores olfativos para cazar.

PATAS Y PEZUÑAS

Normalmente, las patas de los perros son más cortas que las de los lobos y no pueden correr tan rápido.

Los lobos tienen unas pezuñas más grandes con relación a su cuerpo que los perros, gracias a las cuales no se hunden en la nieve durante los duros inviernos.

Un mapa del cuerpo de un perro y de un lobo

LAS MIGRACIONES ANIMALES

Una migración es un largo viaje, y algunas de ellas suponen, de hecho, viajes larguísimos. Los animales migran para encontrar comida, para reproducirse y tener crías o para encontrar un lugar más cálido y tranquilo donde pasar el invierno. No todos los animales migran, pero los que lo hacen siguen la misma ruta todos los años. Algunas rutas de migración son circulares, mientras que otras son de ida y vuelta.

Campo magnético de la Tierra

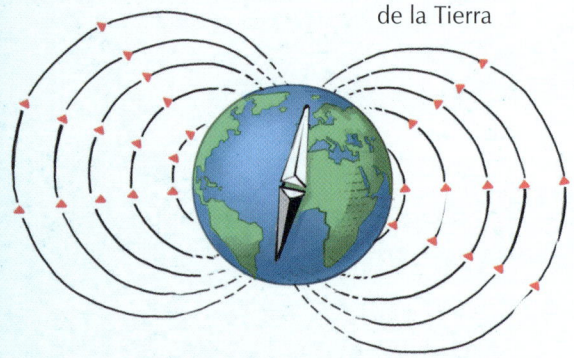

NAVEGACIÓN INCORPORADA

Algunas aves y ballenas son capaces de percibir el campo magnético que rodea a la Tierra. Esta información les ayuda a orientarse durante sus largas migraciones utilizando una especie de brújula incorporada que tienen en la cabeza.

LEYENDA DE LAS ESPECIES ANIMALES

BALLENA GRIS

La ballena gris es la que efectúa la migración más larga de todos los mamíferos. Viaja hasta 22 530 km (14 000 millas) entre su zona de alimentación en verano en el Ártico y las zonas de reproducción en invierno en México.

MARIPOSA MONARCA

Las mariposas tienen una vida muy corta, así que realizan su migración de 4828 km (3000 millas) en turnos; necesitan varias generaciones para completar el viaje.

CHARRÁN ÁRTICO

El charrán ártico es el animal que lleva a cabo la migración más larga, pues vuela 30 000 km (18 461 millas) desde al Ártico al Antártico dos veces al año.

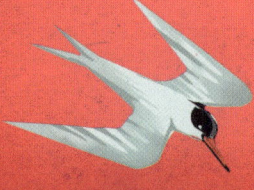

ÑU DE BARBA BLANCA

Estos ñus siguen una ruta triangular de 1610 km (1000 millas) por los pastizales, en busca de agua y pasto fresco.

ALIMENTACIÓN

La comida siempre es una buena razón para iniciar un viaje. Las ballenas grises nadan hacia el norte para alimentarse de pequeños crustáceos anfípodos, que se esconden en el lodo del fondo marino. Pueden llegar a zamparse más de 1000 kg de este crustáceo al día.

Crustáceos anfípodos

CLIMA

Algunos animales migran para pasar el invierno en un clima más templado. Las mariposas monarca vuelan hacia el sur para escapar de las gélidas temperaturas invernales.

Una vista inolvidable

Los animales migratorios utilizan puntos de referencia, como las líneas de costa de los países que sobrevuelan, para que les ayuden a orientarse en sus largos trayectos.

REPRODUCCIÓN

Otra razón para viajar es llegar a las zonas de reproducción. El charrán ártico se reproduce en el Ártico, en grupos llamados colonias. Todas las aves tienen que volar hacia su zona de reproducción al mismo tiempo.

LA COMUNICACIÓN ANIMAL

Los científicos creen que el canto de la ballena jorobada puede viajar hasta 16 093 km (10 000 millas) atravesando el océano.

Hablamos entre nosotros constantemente. La comunicación nos permite compartir información y hacer amigos, lo que hace que nuestra vida sea mejor y más fácil. Los animales se comunican entre ellos por los mismos motivos.

Parte de esa comunicación la hacen con sonidos, como nosotros. Ciertos sonidos tienen significados que entienden otros animales de la misma especie y, a veces, de otras especies. Los animales también pueden comunicarse de otras maneras, por ejemplo, a través del olfato, el color o los movimientos.

< CÓDIGO DE COLORES

Algunos animales pueden comunicarse cambiando el color del cuerpo. El calamar de Humboldt, por ejemplo, emite destellos rojos por todo el cuerpo cuando está enfadado.

Lenguaje corporal

Muchos animales utilizan el cuerpo para comunicarse. Pueden hacer gestos o un movimiento con significado. Los perros mueven la cola de muy diversas maneras. Cada movimiento indica a los otros perros (y a nosotros) cómo se siente el perro: el meneo es distinto cuando está emocionado, nervioso, etcétera.

La llamada de una ballena azul puede viajar 1609 km (1000 millas) a través del agua.

OLFATO >

Los hocicos de los animales también pueden percibir mensajes. Muchos animales utilizan los olores para marcar su territorio. Las hormigas usan químicos olorosos llamados feromonas para decirles a las demás si hay peligro y dónde encontrar comida.

COMUNICACIÓN DE LARGA DISTANCIA

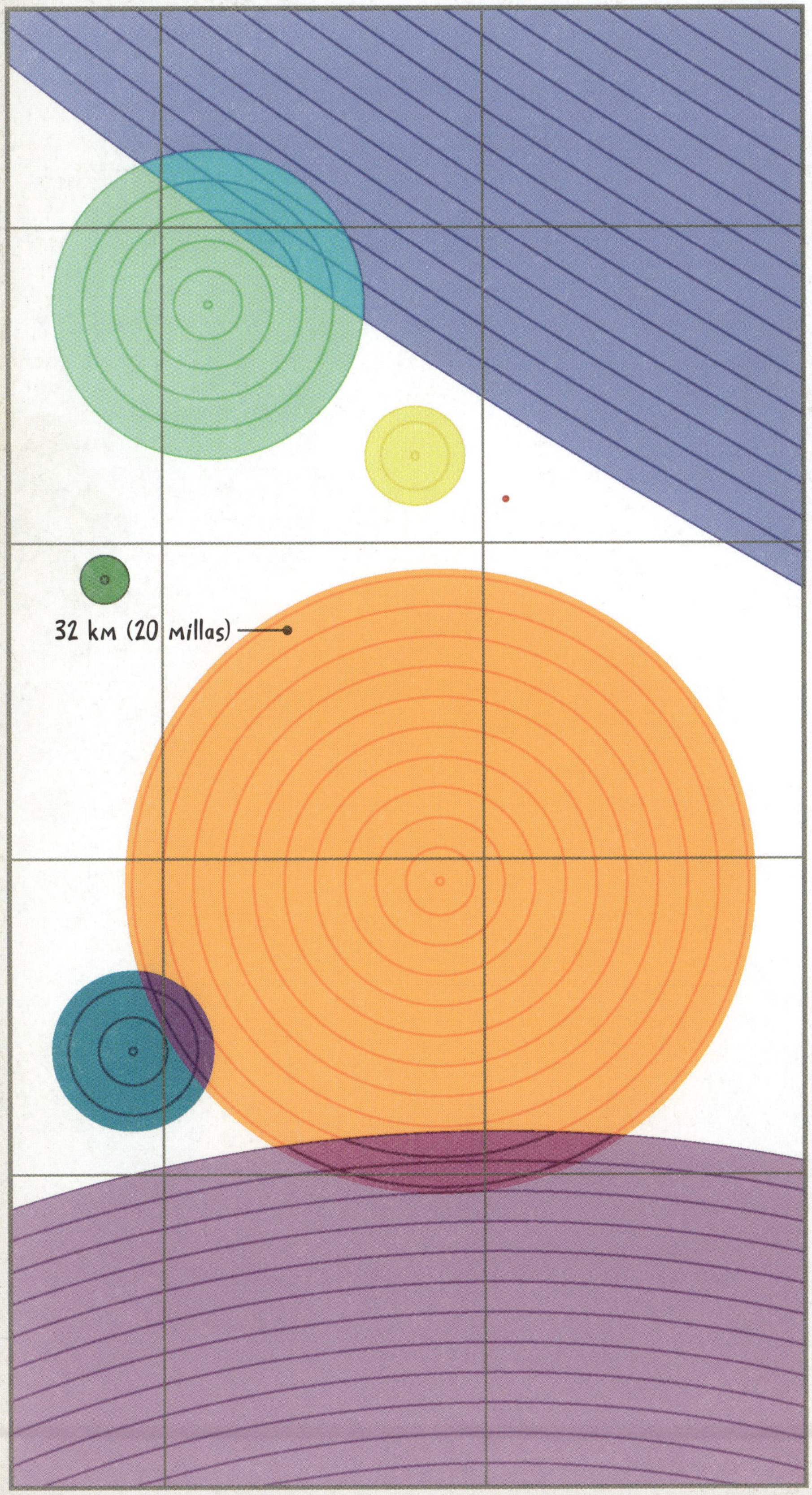

32 km (20 millas)

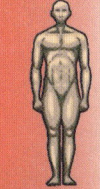

SER HUMANO

Puede que los susurros no lleguen muy lejos, pero los gritos pueden escucharse hasta a 180 m de distancia

CIGARRA

Las cigarras macho emiten unos chirridos que pueden viajar hasta 2,4 km (1,5 millas) de distancia.

MONO AULLADOR

Las llamadas de estos monos pueden viajar hasta 4,8 km (3 millas) por toda la selva tropical.

LEÓN

El rugido de un león, el más ruidoso de los grandes felinos, puede oírse a 8 km (5 millas) de distancia.

LOBO

Los lobos aúllan para decirse entre ellos dónde se encuentran desde incluso 16 km (10 millas) de distancia.

ELEFANTE

Las vibraciones que provocan los elefantes con sus patas indican a los elefantes más alejados dónde se encuentran.

BALLENA AZUL

Las ballenas azules hablan entre ellas con silbidos, gemidos, gruñidos y quejidos.

BALLENA JOROBADA

Estas ballenas cantan largas canciones que se difunden entre ellas como si fueran canciones pop.

La naturaleza

PARTES DE UNA PLANTA

FLOR

La flor es donde se forman las semillas. Las semillas pueden convertirse después en nuevas plantas.

HOJA

Las hojas utilizan la luz del sol para generar energía en un proceso llamado fotosíntesis.

TALLO

El tallo transporta el agua y los nutrientes por toda la planta.

Todas las plantas tienen hojas, tallos y raíces, y muchas de ellas también tienen flores. Cada parte de la planta desempeña su propia función.

RAÍCES

Las raíces absorben el agua y los nutrientes del suelo

LEYENDA

— **AGUA** – Como los animales, las plantas necesitan agua para sobrevivir.

— **NUTRIENTES** – Las plantas tienen que absorber minerales para mantenerse sanas.

— **AZÚCAR** – Las plantas producen su propio alimento azucarado en el interior de las hojas.

EL TRAYECTO DE UNA SEMILLA

Para que una semilla germine, necesita tierra, agua y luz. Pero primero precisa un lugar donde crecer, en un sitio con todo lo que le hace falta, alejada de su planta madre. Las semillas pueden propagarse o dispersarse de distintas maneras.

LEYENDA

••• Dispersión

● Semilla de abedul común

● Espora de diente de león

● Semilla de violeta

● Semilla de fresa

● Semilla de bardana

Agua
El agua en movimiento puede transportar semillas corriente abajo.

TIPOS DE PLANTAS

Las plantas se dividen en tipos según su aspecto y el modo de reproducción. Se han descubierto aproximadamente 400 000 especies, y la mayor parte de ellas son plantas con flor.

Musgo

Conífera

Viento
Una simple ráfaga de viento puede esparcir semillas ligeras.

Explosión
Algunas vainas de semillas se abren de golpe, expulsando las semillas.

Caca de los animales
Las semillas se pueden comer y luego expulsarse en otra parte como estiércol.

Pelaje de los animales
Las semillas con ganchos pueden quedarse pegadas a animales que pasan.

Planta con flor

Helecho

LAS PLANTAS

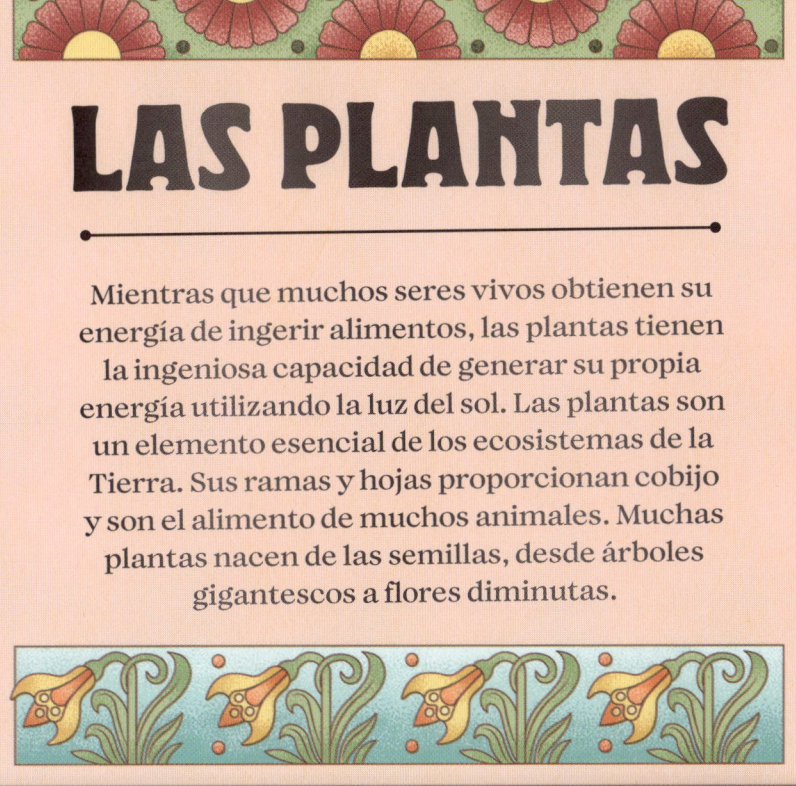

Mientras que muchos seres vivos obtienen su energía de ingerir alimentos, las plantas tienen la ingeniosa capacidad de generar su propia energía utilizando la luz del sol. Las plantas son un elemento esencial de los ecosistemas de la Tierra. Sus ramas y hojas proporcionan cobijo y son el alimento de muchos animales. Muchas plantas nacen de las semillas, desde árboles gigantescos a flores diminutas.

TIPOS DE ÁRBOLES

LATIFOLIADOS

Estos árboles disponen de hojas anchas, suaves y planas. Tienen flores y generalmente crecen en lugares templados... ¡no demasiado fríos! Las hojas de los árboles latifoliados pueden tener una amplia variedad de formas.

Roble

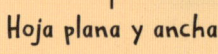

Hoja plana y ancha

Hojas finas en forma de aguja

Pino

CONÍFERAS

Las coníferas tienen hojas finas y puntiagudas, conocidas como agujas. Disponen de conos en vez de flores, y pueden crecer en lugares muy fríos, así como en zonas templadas. Las agujas de las coníferas pueden tener distinta longitud y color, pero siempre tienen forma de aguja.

LOS ÁRBOLES

La única diferencia real entre un árbol y cualquier otra planta es que el árbol tiene un gran tallo leñoso llamado tronco. A medida que al árbol crece, el tronco se hace cada vez más ancho; algunos de los árboles más grandes tienen más de mil años y su tronco es tan ancho que se necesitarían decenas de personas para rodearlo. Los árboles son imprescindibles para nuestra supervivencia en la Tierra; absorben el dióxido de carbono, que es perjudicial para nosotros, y emiten grandes cantidades del oxígeno que respiramos.

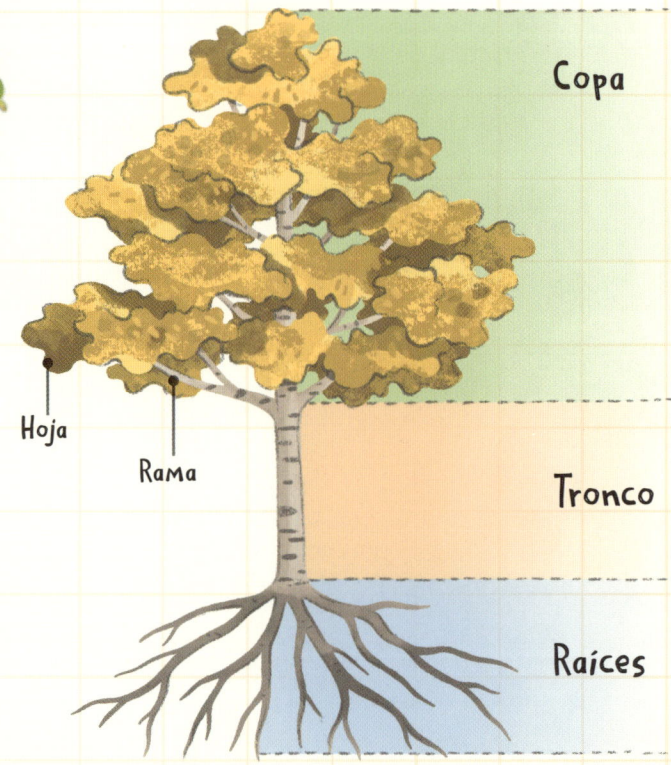

Copa

Hoja

Rama

Tronco

Raíces

Partes de un árbol

Cada parte de un árbol tiene su propio nombre. Las raíces se ramifican en el subsuelo, absorben el agua y los nutrientes para el árbol y le proporcionan estabilidad. El tronco aguanta la copa, que es donde están todas las hojas y las ramas.

Frutas y frutos secos

Muchos árboles ocultan sus semillas dentro de la fruta o de los frutos secos. Los animales recogen y comen estas deliciosas ofrendas y se las llevan del árbol padre. Esto ayuda a que las semillas del interior encuentren el camino hacia una nueva parcela de terreno, donde pueden empezar a crecer.

Los conos de la piña tienen las semillas ocultas bajo cada una de sus escamas.

Un melocotón tiene una semilla oculta dentro del hueso.

¿CADUCIFOLIO O PERENNE?

Ciprés

Los árboles de hoja perenne mantienen las hojas todo el año sin que se les caigan.

Abedul

Los árboles caducifolios tienen hojas que se vuelven marrones y se caen en otoño, y luego vuelven a salir en primavera.

LA FOTOSÍNTESIS

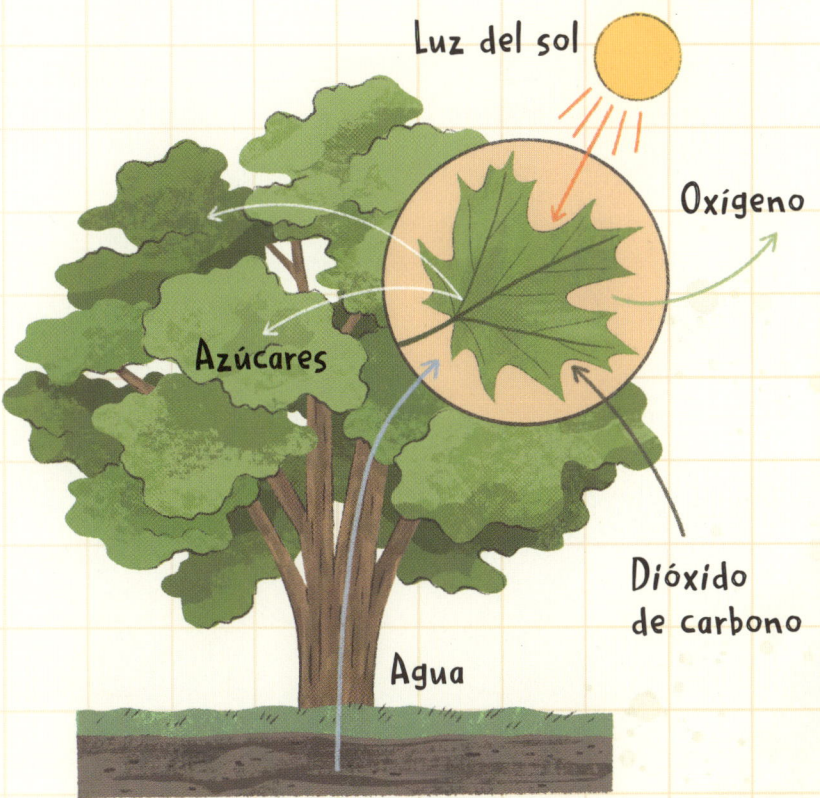

Luz del sol

Oxígeno

Azúcares

Dióxido de carbono

Agua

Produciendo alimento

Las plantas se sirven de la luz para producir alimento en un proceso llamado fotosíntesis. Sus hojas absorben el dióxido de carbono del aire y la energía lumínica del sol y los convierten en azúcares que alimentan la planta. Como desecho de este proceso se libera oxígeno.

CAMPOS PARA LA AGRICULTURA

Enormes extensiones de la selva tropical amazónica se han despejado para dejar espacio a la agricultura. En Brasil, la tierra que un día fue selva tropical ahora se dedica a explotaciones ganaderas, mientras que en Bolivia ahora son plantaciones de soja.

CO_2

UBICACIÓN DE LA AMAZONIA

LEYENDA

MAR U OCÉANO

ÁREAS DE SELVA TROPICAL

CRÍA DE GANADO

PLANTACIONES DE ACEITE DE PALMA

TIERRA

ÁREAS DE DEFORESTACIÓN

TALA

PLANTACIONES DE SOJA

¿POR QUÉ ES MALA LA DEFORESTACIÓN?

Los árboles absorben el dióxido de carbono (un gas que daña nuestro planeta) y liberan el oxígeno que respiramos. También proporcionan alimento y refugio a una gran variedad de plantas y animales. Los animales que se muestran aquí son solo unos pocos ejemplos de las especies amenazadas por culpa de la deforestación.

LA DEFORESTACIÓN

HUBO UN TIEMPO EN QUE LA TIERRA ESTABA ALFOMBRADA DE BOSQUES TUPIDOS, PERO HOY SU SUPERFICIE SE HA REDUCIDO DRÁSTICAMENTE. HA SIDO DEFORESTADA; DESPEJADA PARA QUE LOS SERES HUMANOS PODAMOS UTILIZAR LA MADERA Y CULTIVAR LA TIERRA DONDE UN DÍA CRECIERON LOS ÁRBOLES.

ORANGUTÁN, INDONESIA

CARIBÚ CANADIENSE, ONTARIO, CANADA

MOCHUELO DE BLEWITT, PARTE CENTRAL DE LA INDIA

Un mapa que muestra las distintas causas de la deforestación

TALA

Gran parte de la selva tropical de la cuenca del Congo ha sido talada, y la madera se ha utilizado para hacer muebles y papel. A cortar los árboles para utilizar la madera se le llama talar. Cuando un bosque ha sido talado, el ecosistema tarda cientos de años en recuperarse.

EMPLAZAMIENTO DE LA CUENCA DEL CONGO

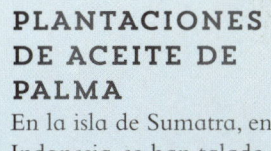

GUACAMAYO DE SPIX, NORTE DE BRASIL (AHORA EXTINTO EN ESTADO SALVAJE)

PLANTACIONES DE ACEITE DE PALMA

En la isla de Sumatra, en Indonesia, se han talado inmensas zonas de selva tropical para dejar espacio a las plantaciones de aceite de palma. Muy pocos de los animales que habitan en la selva tropical son capaces de vivir entre los árboles de aceite de palma.

UBICACIÓN DE SUMATRA

CONSERVACIÓN

Actualmente se está intentando salvar los bosques tropicales que nos quedan. Una manera de lograrlo es reciclar lo máximo posible, para que no haya que talar más que unos pocos árboles para fabricar cosas nuevas.

GORILA DE MONTAÑA, UGANDA

ELEFANTES PIGMEOS, BORNEO

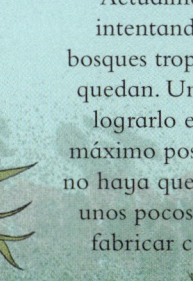

La naturaleza

PRADERA DE MAINE

En las praderas de Maine, EE.UU., crecen nuevamente diferentes tipos de hierbas. Son el alimento de varias especies de animales herbívoros, que a su vez sirven de alimento a depredadores que están en lo más alto de la cadena alimentaria de la pradera.

HIERBA DE AGUJA E HILO

TURBERAS ESCOCESAS

Las turberas sanas absorben grandes cantidades de dióxido de carbono. Renaturalizarlas puede ayudar a reducir los efectos del calentamiento global.

MUSGOS DE TURBERA

CASTORES

El bosque de Dean, en Inglaterra, alberga de nuevo a castores.

LOBO GRIS

Los lobos se han reintroducido en el Parque Nacional de Yellowstone, EE.UU.

BISONTE AMERICANO

Estos enormes animales vuelven a habitar en la pradera de Montana, EE.UU.

LA TORTUGA GIGANTE

se ha reintroducido en las islas Galápagos.

EL REGRESO DE LA NATURALEZA

DURANTE CIENTOS DE MILES DE AÑOS LA ACTIVIDAD HUMANA, COMO LA CAZA O LA EDIFICACIÓN, HA PROVOCADO LA DESAPARICIÓN DE MUCHAS PLANTAS Y ANIMALES DE SUS ANTIGUOS HOGARES. AHORA, DISTINTAS ORGANIZACIONES INTENTAN RENATURALIZAR ZONAS DE TIERRA PARA TRAER DE VUELTA LOS ANIMALES Y LAS PLANTAS QUE ANTAÑO TENÍAN EN ELLAS SU HÁBITAT.

PÍCEA NORUEGA

NUTRIA GIGANTE

Las nutrias gigantes se han reintroducido en el Parque Nacional El Impenetrable de Argentina.

BOSQUE MONTANO DE LOS CÁRPATOS

Se están plantando píceas noruegas en los Montes Cárpatos, Rumanía, para crear vínculos de vida silvestre entre los bosques antiguos.

RESERVA NATURAL DE SHARAAN

En esta zona salvaje de Arabia Saudí se han plantado más de 120 000 árboles nativos. Posteriormente, se reintroducirán también con ellos aves y otros animales.

ACACIA

MORINGA

OSOS PARDOS
Estos osos se reintrodujeron en los Pirineos franceses.

LINCE EUROASIÁTICO
Los linces vuelven a vivir en los Alpes suizos.

ENCINA DE HOJA DE BAMBÚ

CEREZO DE MONTAÑA

ROBLE CHINKAPIN

BOSQUE DEL MONTE TSUKUBA
En este bosque japonés hay principalmente coníferas. Al añadir más especies se ha transformado en un bosque mixto y variado.

ÑUS AZULES
Estos animales han sido reintroducidos en el Parque Nacional del Serengueti, Tanzania.

CALAMÓN TAKAHE
Estas aves fueron reintroducidas en la isla Rotoroa de Nueva Zelanda.

LOBOS PINTADOS
El Parque Nacional Gorongosa de Mozambique es el hábitat de estos animales nuevamente.

PANDAS GIGANTES
En el Parque Nacional del Panda Gigante de China es posible encontrar de nuevo ejemplares de esta especie.

ORNITORRINCO
Estos animales son otra vez comunes en el Parque Nacional Real de Sídney.

Un mapa de proyectos de renaturalización por todo el mundo

El efecto humano

Los seres humanos hemos tenido un enorme efecto en el mundo que nos rodea. Destruimos los hábitats para poder utilizar el terreno con el fin de cultivar o construir, y contaminamos el aire con nuestros coches y fábricas. Esto tiene un enorme impacto en la vida silvestre y ha provocado la extinción de muchas especies de plantas y de animales.

Especies clave
Lobo gris

Herbívoro
Alce

Planta
Álamo

Las especies clave

Una especie clave es un tipo de planta o animal del que depende el resto del ecosistema. Si apoyamos a una especie clave, estamos haciendo lo mismo con las plantas y los animales que dependen de ella.

LOS DINOSAURIOS

Algunos de los animales más grandes y poderosos que hayan deambulado jamás por la Tierra eran dinosaurios..., aunque muchos de ellos no eran tan grandes. Este inmenso grupo de reptiles vagaron por la Tierra durante casi 170 millones de años. Algunos eran carnívoros, lo que significa que cazaban y se comían a otros animales, mientras que otros, llamados herbívoros, masticaban hojas. Los dinosaurios se extinguieron, pero las aves modernas son sus descendientes vivos.

¿Cuándo vivieron los dinosaurios?

Los dinosaurios vivieron durante la era mesozoica, hace entre 252 y 66 millones de años. El mesozoico puede dividirse en tres periodos: triásico, jurásico y cretácico.

Muchos de los dinosaurios más conocidos son del periodo cretácico.

TIPOS DE DINOSAURIOS

Los dinosaurios se dividen en grupos según las características que compartían. Estos grupos entran luego en dos divisiones principales (saurisquios y ornitisquios) en función de la forma de los huesos de las caderas.

PERIODO TRIÁSICO (HACE 252-201 MILLONES DE AÑOS)

Los primeros dinosaurios que aparecieron eran pequeños. Es probable que inicialmente evolucionaran los carnívoros y después los herbívoros.

Nyasasaurus

Stegosaurus

PERIODO JURÁSICO (HACE 201-145 MILLONES DE AÑOS)

Durante el jurásico, los dinosaurios empiezan a hacerse más grandes. Evolucionaron hacia nuevas formas con diferentes estilos de vida.

PERIODO CRETÁCICO (HACE 145-66 MILLONES DE AÑOS)

En este periodo, los dinosaurios se convirtieron en los animales más poderosos del planeta, y algunos de ellos alcanzaron proporciones colosales.

Tyrannosaurus rex

Diente de Tyrannosaurus rex

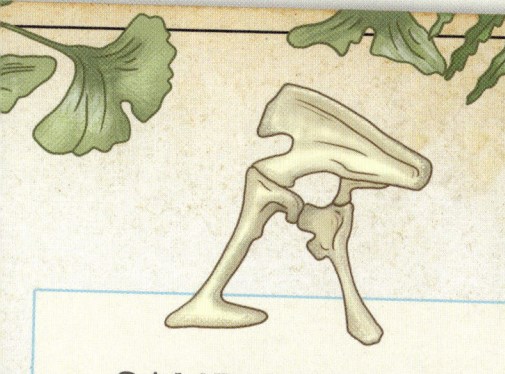

TERÓPODOS

Los terópodos caminaban sobre las dos patas traseras. Son el único grupo de dinosaurios en el que había carnívoros.

SAURISQUIOS

Estos dinosaurios tenían la cadera con una forma parecida a la de los lagartos modernos. Normalmente tenían el cuello largo y unas garras grandes en los pulgares.

SAURÓPODOS

Este grupo caminaba sobre cuatro patas fornidas como columnas y tenían el cuello y la cola largos. Algunos de ellos alcanzaban un tamaño descomunal.

TIREÓFOROS

Este grupo tenía el cuerpo acorazado, con gruesas capas de piel sobre el lomo y una púa o maza en la cola.

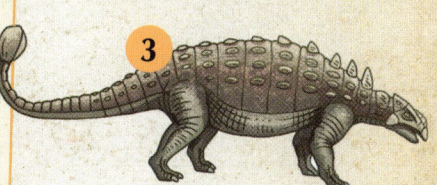

ORNITISQUIOS

La forma de la cadera de estos dinosaurios era parecida a la de las aves modernas. Tenían un fuerte hueso de más en la mandíbula inferior que les servía para aguantar un pico.

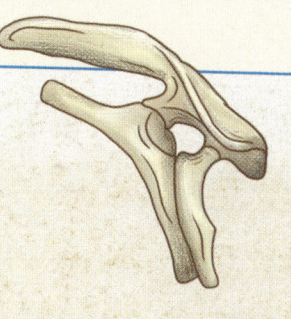

ORNITÓPODOS

La palabra «ornitópodo» significa «pies de ave». Los ornitópodos tenían picos afilados. Algunos caminaban sobre dos patas, otros sobre cuatro.

MARGINOCÉFALOS

Estos dinosaurios tenían una amplia variedad de rasgos poco comunes, como una gola ósea, púas, cuernos y cráneo en forma de domo.

La naturaleza

1 *Allosaurus*   2 *Diplodocus*   3 *Anquilosaurio*   4 *Iguanodón*   5 *Triceratops*

EL FINAL DE LOS DINOSAURIOS >

Hace unos 66 millones de años, un asteroide chocó con la Tierra. Provocó cambios catastróficos en nuestro planeta, a los que los dinosaurios no pudieron sobrevivir y se extinguieron, junto con muchos de los animales que vivían con ellos.

CAPÍTULO 5
LA HISTORIA

Actualmente la Tierra está habitada por unos ocho mil millones de seres humanos.
Vivimos de manera permanente en todos los continentes, excepto en la Antártida,
y hemos inventado todo tipo de tecnologías, desde ordenadores hasta cohetes
espaciales. Pero la vida no fue siempre así. Los primeros humanos aparecieron
hace unos pocos cientos de miles de años. Éramos cazadores-recolectores, nos
desplazábamos de un lugar a otro, buscando comida y utilizábamos herramientas
sencillas. Más tarde, empezamos a asentarnos y comenzamos a cultivar. Las aldeas
se convirtieron en pueblos, los pueblos en ciudades, etcétera. La gente vivía de
manera diferente en las distintas partes del mundo, y se desarrollaron nuevas
ideas que les hicieron la vida más fácil. ¡El pasado de la humanidad es rico
y complejo! Lo llamamos nuestra historia.

LOS PRIMEROS SERES HUMANOS

Los primeros antepasados humanos fueron simios cuyo aspecto era muy distinto al nuestro. Cambiamos poco a poco y nos convertimos en lo que somos hoy: una especie llamada *Homo sapiens*. El *Homo sapiens* apareció por primera vez hace unos 200 000 años. Éramos cazadores-recolectores, que utilizábamos herramientas sencillas y nos desplazábamos en busca de comida. Desde entonces, al ser humano se le han ocurrido una gran variedad de nuevas ideas que han cambiado completamente la manera como vivimos.

Nuestros antepasados

Antes de los actuales seres humanos existieron en la Tierra diferentes especies parecidas a ellos, que con el paso del tiempo evolucionaron: les creció el cerebro y fueron capaces de caminar sobre dos piernas en vez de sobre cuatro.

Se cree que el *Ardipithecus* fue uno de los primeros antepasados del ser humano.

FABRICACIÓN DE HERRAMIENTAS
A una piedra llamada pedernal se le da formas concretas a base de golpes a fin de fabricar herramientas para cortar y raspar.

FABRICACIÓN DE ROPA
Las pieles se unen cosiéndolas con una aguja de piedra e hilo hecho con fibras de plantas para hacer túnicas.

FABRICACIÓN DE JOYAS
Se juntan cuentas hechas con huesos y ámbar para fabricar joyas, como collares y pulseras.

CAZA
Esta partida de cazadores sale en busca de carne para el campamento. Van armados con lanzas, arcos y flechas.

RECOLECCIÓN
No toda la comida tiene que ser cazada. Algunos alimentos se pueden coger o recolectar, como frutos secos, frutas y setas.

ARTE
Las pinturas hechas de minerales coloridos se soplan a través de huesos huecos alrededor de las manos para crear formas de manos en la roca.

Cronología > prehistórica

La Edad de Piedra, que puede dividirse en tres periodos, fue la época en la que los humanos utilizaron herramientas de piedra. A esta la siguieron las edades de los metales.

Hace 35 millones-11 500 años

Estatuilla de (colmillo de) Marfil

ANTIGUA EDAD DE PIEDRA (PALEOLÍTICO)
Este periodo cubre más de tres millones de años, durante los cuales el ser humano tallaba sencillas herramientas y objetos de piedra.

MEDIANA EDAD DE PIEDRA (MESOLÍTICO)
Poco a poco aprendimos a fabricar herramientas de caza para tareas más específicas, como arpones para atrapar peces.

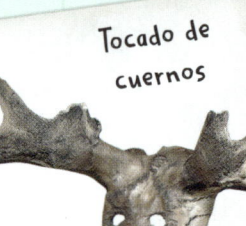

Tocado de cuernos

Hace c. 11 500-6500 años

ASENTAMIENTO DE LA EDAD DE PIEDRA

Este es un sencillo asentamiento de la Edad de Piedra habitado por cazadores-recolectores de hace unos 200 000 años.

REFUGIO

7 Las cabañas están hechas con pieles de animales que se extienden sobre postes de madera flexibles. Las pieles se superponen para mantener el interior seco.

LOBOS DOMESTICADOS

8 Los lobos se quedan cerca del campamento, al calor del fuego, y son capaces de pedir restos de comida a los humanos.

JUGAR

9 Los niños juegan a perseguirse por el campamento mientras los adultos efectúan sus tareas diarias.

CONTAR HISTORIAS

10 La escritura aún no se ha inventado de modo que las historias se transmiten de manera oral y no a través de libros.

COCINAR

11 La carne y el pescado provenientes de la caza y los alimentos recolectados se cocinan usando el fuego.

Círculo de piedra

Hace c. 6500-4000 años

NUEVA EDAD DE PIEDRA (NEOLÍTICO)

Con el paso del tiempo, los humanos empezaron a cultivar para obtener alimentos en vez de cazar. Sin embargo, nuestras herramientas seguían siendo de piedra.

EDAD DE BRONCE

Por fin descubrimos el metal. El bronce fue el primer metal que utilizamos. Es fácil de moldear, pero no muy fuerte.

Hace c. 4500-3000 años

Brazalete de bronce

Hace c. 3000-2500 años

Daga de hierro

EDAD DE HIERRO

El descubrimiento de cómo hacer hierro supuso el inicio de esta era. Este metal podía convertirse en extrañas y afiladas herramientas.

La historia

133

LAS PRIMERAS CIVILIZACIONES

Una civilización es una sociedad que ha alcanzado un alto grado de desarrollo. Tiene un liderazgo organizado, con leyes y una religión, y edificios diseñados para ser bellos y no solo funcionales. Los seres humanos han existido durante cientos de miles de años, pero el proceso de civilización se produjo hace solo unos 5000 años, al dejar de vivir como cazadores-recolectores y empezar a cultivar la tierra. En cuanto dejamos de desplazarnos, los asentamientos fueron creciendo y se empezaron a desarrollar las civilizaciones.

Mesopotamia

La civilización mesopotámica se desarrolló entre los ríos Tigris y Éufrates en Oriente Medio. Las primeras ciudades de todo el mundo se construyeron aquí hacia el 7500 a. C. Crecieron para albergar estructuras complejas y elaboradas.

Esta gran puerta era la entrada principal a la ciudad mesopotámica de Babilonia.

Civilización del valle del Indo

Esta civilización creció alrededor del río Indo, en el sudeste asiático, desde el 3300 a. C. aproximadamente. Había dos ciudades inmensas y cuidadosamente organizadas, y más de cien pueblos y aldeas adicionales.

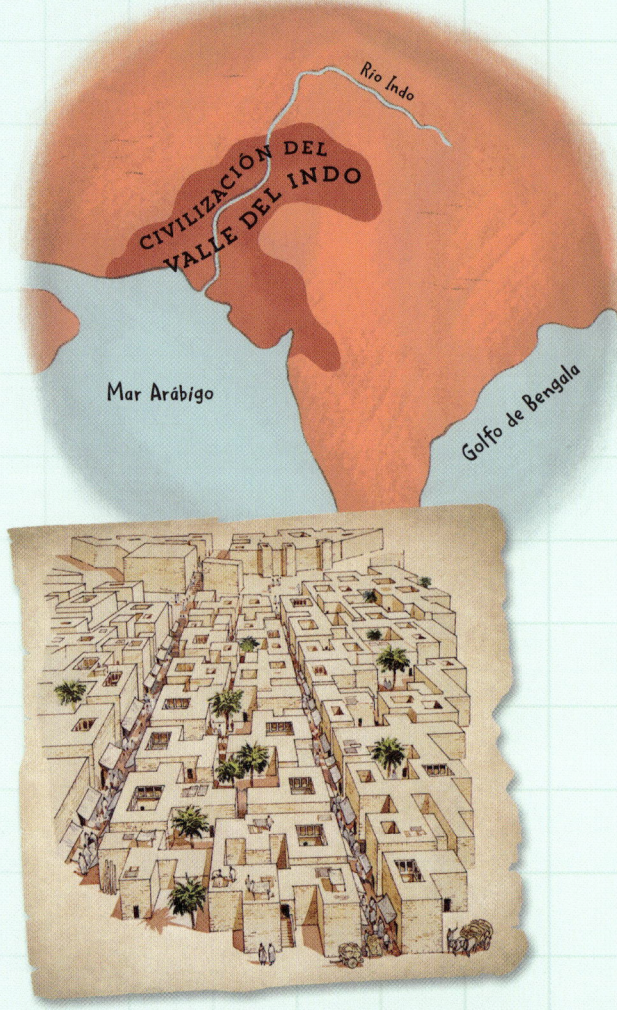

Mohenjo-Daro fue la ciudad más grande de la civilización del valle del Indo. La ciudad tenía un sofisticado sistema de abastecimiento de agua y de drenaje.

Casa en Mohenjo-Daro

PRIMEROS SISTEMAS DE ESCRITURA

A medida que las personas empezaron a asentarse, llevar un registro de las actividades como el comercio adquirió mayor importancia, ya que así se podía saber quién debía cuánto a quién. Aparecieron los distintos sistemas de escritura por todo el mundo.

ESCRITURA CUNEIFORME

La escritura mesopotámica utilizaba marcas hechas al presionar una herramienta en forma de cuña sobre arcilla blanda. Se hacía para registrar transacciones comerciales.

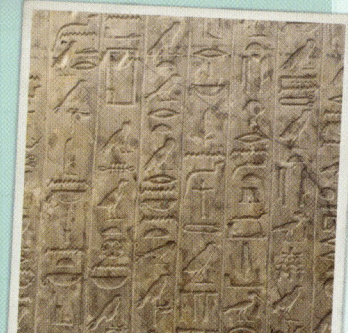

ESCRITURA INDO

La civilización indo diseñó una escritura que aparece en sellos, los cuales se presionaban sobre arcilla para marcar lotes de mercancías objeto de comercio.

JEROGLÍFICOS

La escritura del antiguo Egipto utilizaba una serie de símbolos con forma de dibujos, cada uno con su significado concreto. A estos caracteres se les llamaba jeroglíficos.

CHINA

La escritura empezó en China entre los años 2000-1000 a. C. Hubo muchos sistemas diferentes hasta que hacia el año 200 a. C. se optó por uno de ellos.

De cazar a cultivar

Abastecerse de comida a través de los cultivos en vez de cazar significó que la gente ya no tenía que desplazarse. Se asentaron, y los asentamientos crecieron de manera constante. Muchas civilizaciones se desarrollaron en las riberas de los ríos, porque la tierra era buena para cultivar alimentos.

COMERCIO

Las primeras civilizaciones interactuaban entre ellas, lo que incluía el comercio. La gente del valle del Indo comerciaba con algodones, abalorios, cobre y bronce con los habitantes de Mesopotamia.

Cobre

Los sellos de piedra se utilizaron mucho para registrar transacciones.

El sello se presionaba contra la arcilla para dejar una impresión.

Algodón

EL ANTIGUO EGIPTO

Hacia el 3100 a. C., creció un reino alrededor del río Nilo, en Egipto. Se convertiría en una nación poderosa, controlada por gobernantes llamados faraones. Los antiguos egipcios adoraban a muchos dioses, incluidos los faraones, a quienes se consideraba dioses con forma humana. Para homenajear a estas deidades construían complejos templos, que albergaban unas estatuas imponentes. Además, para honrar a algunos de sus faraones cuando morían construían unas tumbas grandiosas: las pirámides, algunas de las cuales tienen más de 100 m de altura.

El complejo de Guiza está formado por tres grandes pirámides construidas para otros tantos faraones.

Las pirámides

Estos grandes monumentos se construyeron a partir del año 2630 a. C. Equipos de trabajadores arrastraban enormes bloques de roca por las laderas hasta colocarlos en su lugar. Era un trabajo agotador y lento: se necesitaban hasta 30 años para construir una sola pirámide.

Antiguo Egipto

Menfis

Río Nilo

Ciudades egipcias

Muchos de los antiguos egipcios vivían en ciudades. Menfis fue la capital de Egipto más o menos desde el 3150 al 2686 a. C. Tenía unos 30 000 habitantes y fue una de las ciudades más grandes del mundo.

Sepulturas

Las pirámides se construyeron en el desierto, muy alejadas de la gente que podía intentar saquearlas. Si alguien entraba, tenía que orientarse entre pasillos diminutos hasta llegar a la cámara funeraria llena de tesoros en lo más profundo.

<

A LO LARGO DEL RÍO

El antiguo Egipto creció junto al río Nilo. Este río se desborda todos los años, lo que hace que el suelo a su alrededor esté húmedo. Esto permite que las cosechas crezcan bien, lo que significa que había mucha comida disponible para alimentar a una civilización creciente.

TUTANKAMÓN

UNA MÁSCARA DORADA

¿Quién fue Tutankamón?

Alrededor de 1332 a. C., un niño de ocho o nueve años fue proclamado faraón de todo Egipto. Se llamaba Tutankamón, y gobernó hasta su muerte a la edad de dieciocho años aproximadamente. Su tumba se descubrió en 1922, no dentro de una pirámide, sino excavada en la piedra. Fue enterrado junto a cientos de objetos de gran valor, que estaban tan bien conservados que parecían casi nuevos.

<

MÁSCARAS FUNERARIAS

Al igual que pasó con otros faraones, el cuerpo de Tutankamón fue momificado (preservado). Después le recubrieron la cara y la cabeza con esta elaborada máscara, que está hecha de oro y piedras semipreciosas.

El cuerpo del niño rey estaba colocado en el interior de una serie de tres ataúdes, entre ellos este.

<

TESOROS FUNERARIOS

Entre las montañas de pertenencias de Tutankamón había joyas de oro, estatuas del propio faraón, un juego de tablero y muebles ricamente decorados. Esta foto muestra el interior de una tumba, en la que hay una cama con una cola enroscada, pintada para que parezca una vaca. El niño rey creía que estos objetos viajarían con él al más allá.

La historia

137

UN VIAJE POR EL MÁS ALLÁ

DE LOS EGIPCIOS

LOS ANTIGUOS EGIPCIOS CREÍAN EN LA VIDA DESPUÉS DE LA MUERTE. QUE PODÍA SER UNA ETERNIDAD FELIZ EN UNA HERMOSA TIERRA LLAMADA AARU, O UNA ETERNIDAD DESGRACIADA, EN LA INFINITA OSCURIDAD. PARA LLEGAR A AARU, UNA PERSONA TENÍA QUE LUCHAR CONTRA TERRORÍFICOS GUARDIANES DURANTE UN PELIGROSO VIAJE. ESTE ES EL QUE EL NIÑO REY TUTANKAMÓN PODRÍA HABER LLEVADO A CABO.

LA CÁMARA FUNERARIA

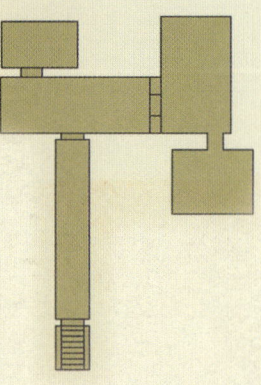

En la entrada de la cámara funeraria de Tutankamón en el interior de la tumba se construyó un muro para protegerla de los saqueadores. Aquí es donde el faraón creía que empezaría su viaje.

LOS DIOSES

OSIRIS   ANUBIS   RA

El faraón se encontraría con varios dioses durante su último viaje. El dios del sol Ra lo llevaría en su barca para empezar el viaje, Anubis vigilaría el peso de su corazón y Osiris estaba esperando al final, en su papel de señor del más allá.

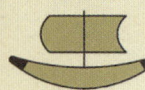

BARCA

El faraón inició su viaje hacia el más allá a bordo de una barca.

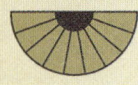

RELOJ DE SOL

El viaje duró doce horas en total, y empezó al atardecer.

JUEZ

Para poder continuar, el faraón tenía que negar haber obrado mal delante de 42 dioses.

CABEZAS

La cabeza de un chacal y la de un carnero atormentaban a aquellos que cruzaban entre ellas.

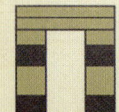

PUERTA

El faraón debía cruzar doce puertas, detrás de cada una de las cuales había retos a superar.

GUARDIÁN

En cada puerta había un terrorífico guardián contra el que el faraón tenía que luchar.

PESAJE

El corazón del faraón se pesaba; si el peso superaba el de una pluma, se daba de comer a un demonio y el faraón no podía pasar.

AARU

En la tierra más allá de la última puerta había campos de juncos. Así era el más allá.

Un mapa del más allá de los egipcios

EMPIEZA AQUÍ

TUTANKAMÓN

LOS 42 JUECES

LAS CABEZAS

PUERTA 3

PUERTA 2

PUERTA 1

PUERTA 4

PUERTA 5

PESAJE

PUERTA 6

PUERTA 7

PUERTA 10

PUERTA 9

PUERTA 8

LOS DIOSES

PUERTA 11

PUERTA 12

AARÚ

ACABA AQUÍ

EL RAPTO DE PERSÉFONE

Hades, dios del inframundo, vio a la hermosa Perséfone y se enamoró de ella. La raptó y se la llevó con él al inframundo. Perséfone se convirtió en la reina del inframundo, pero se le permitía visitar el mundo de los vivos una vez al año, en primavera.

LA GUERRA DE LOS TITANES

En una guerra que duró diez años, una nueva generación de dioses griegos llamados Titanes derrotó y encerró a los dioses más antiguos. Estos nuevos dioses instalaron su hogar en la cima de la montaña más alta de Grecia: el Monte Olimpo. Se les acabó conociendo como los dioses del Olimpo.

ORÁCULO DE DELFOS

Pitia era la sacerdotisa mayor del Templo de Apolo en Delfos. Era el oráculo del templo, es decir, que anunciaba profecías (predicciones sobre el futuro) del dios griego Apolo. Mucha gente la visitaba en busca de consejo.

ATENEA Y POSEIDÓN LUCHAN POR ATENAS

Tanto Atenea como Poseidón querían gobernar Atenas, y decidieron competir por ese honor. Poseidón utilizó su tridente para provocar una corriente. Atenea regaló al pueblo el primer olivo y ganó la prueba.

ARTEMISA Y APOLO

Artemisa y Apolo eran gemelos. Su padre fue Zeus, y su madre una titana llamada Leto. Esta huyó del hogar de los dioses para esconderse de Hera, la mujer de Zeus, que estaba enfadada con ella. Encontró un lugar seguro en la isla de Delos, donde pudo dar a luz a sus hijos.

TESEO Y EL MINOTAURO

Cada año los atenienses debían enviar a los dioses a siete muchachas y siete muchachos para alimentar a una terrorífica bestia llamada Minotauro, que vivía dentro de un laberinto en Creta. Finalmente, Teseo, príncipe de Atenas, fue con ellos y mató al Minotauro.

MONTE OLIMPO

TROYA

FRIGIA

EL INFRAMUNDO

MAR EGEO

DELFOS

ATENAS

DELOS

ICARIA

MAR JÓNICO

MAR DE CRETA

CRETA

LA GUERRA DE TROYA

La guerra de Troya comenzó cuando el príncipe de Troya, Paris, raptó a Helena, esposa del rey de Esparta, Menelao. La guerra acabó diez años después, cuando los espartanos regalaron un caballo de madera a la ciudad de Troya. Al caer la noche, los soldados espartanos escondidos en el interior del caballo salieron y tomaron Troya.

MIDAS Y SU TOQUE DE ORO

Midas era el rey de Frigia. Deseó que todo lo que tocara se convirtiera en oro, y así fue, incluido todo lo que quería comer y beber… y a su amada hija. Con el tiempo le levantaron la maldición y todo volvió a la normalidad.

ÍCARO

Dédalo, un gran inventor, se hizo unas alas para él y para su hijo para escapar de una cárcel. El padre advirtió a su hijo que no volara cerca del sol porque la cera que aguantaba las alas unidas se derretiría. Pero Ícaro no le escuchó. Voló demasiado alto, se le rompieron las alas, cayó y murió cerca de una isla: Icaria.

LOS MITOS GRIEGOS

Entre el 1200 a. C. y el 600 d. C. aproximadamente, la zona que ahora es Grecia albergó a varios pueblos de habla griega a los que llamamos los antiguos griegos. Vivían en ciudades-Estado independientes. Los estados comerciaban y luchaban entre ellos, pero todos adoraban a los mismos dioses. Los mitos que escribieron sobre estos dioses, y sobre griegos trágicos y heroicos, sobreviven hoy en día.

LOS DIOSES DEL OLIMPO

ZEUS

Rey de los dioses y dios del cielo

POSEIDÓN

Dios del mar, los caballos y las tormentas

HERA

Reina de los dioses y diosa del matrimonio

ATENEA

Diosa de la sabiduría y la guerra

ARES

Dios de la guerra y del coraje

DEMÉTER

Diosa de las cosechas y de la fertilidad

AFRODITA

Diosa de la fertilidad, el amor y la belleza

ARTEMISA

Diosa de la caza, de los animales salvajes y del parto

APOLO

Dios del Sol, de la música y del baile

HEFESTO

Dios del fuego, de los volcanes y de los herreros

HERMES

Mensajero de los dioses y dios de los viajes

HESTIA

Diosa del hogar doméstico

Un vasto imperio

El imperio Romano comenzó en Roma, Italia, cerca del año 31 a. C. Luego se expandió por todo el Mediterráneo y más allá. Alcanzó su momento de mayor expansión en el 117 d. C. con el emperador Trajano. Después de esto, el tamaño del imperio se fue reduciendo poco a poco. En el 476 d. C. fueron conquistados Roma y la mitad occidental del imperio.

LA VÍA APIA

^

CARRETERAS ROMANAS

Los romanos construyeron carreteras rectas y asfaltadas que conectaban su imperio y permitían la movilidad de soldados y mercancías con facilidad. La Vía Apia conectaba Roma y Brindisi.

LA ANTIGUA ROMA

El imperio Romano era gobernado desde una impresionante ciudad central: la propia Roma. Esta estaba repleta de importantes edificios públicos y de templos, muchos de los cuales aún pueden verse hoy en día.

I

AURIGA

I
EL CIRCO MÁXIMO

Este fue el hipódromo más importante del imperio Romano. Acogía carreras de carros, durante las cuales un conjunto de caballos tiraba de sus carros y sus aurigas por todo el circuito a gran velocidad

II
EL MONTE PALATINO

Se creía que esta colina era el lugar exacto donde se había fundado Roma. Albergó varios palacios grandiosos y extensos que construyeron una serie de emperadores, entre los que estaba el primero de ellos, Augusto.

EMPERADOR AUGUSTO

III
LA COLINA CAPITOLINA

Sobre esta colina están situados los templos más importantes de Roma. El más grande de ellos estaba dedicado a Júpiter, dios romano del cielo y rey de todos los dioses

EL DIOS JÚPITER

LEYENDA DE LOS NÚMEROS ROMANOS

I	1
II	2
III	3
IV	4
V	5
VI	6
VII	7

III

IV

II

V

VI

VII

IV

EL FORO

Esta parte de la ciudad era un poco como la plaza de un pueblo, un lugar donde se congregaba la gente de Roma y hablaban sobre el gobierno, las leyes y los negocios.

CIUDADANO VOTANDO

V

EL AQUA CLAUDIA

Se construyeron once colosales acueductos para traer agua potable hasta Roma. El Aqua Claudia, construido por el emperador Calígula, fue uno de ellos.

EMPERADOR CALÍGULA

VI

EL TEMPLO DE CLAUDIO

Este templo se construyó para venerar al emperador Claudio, que, como muchos emperadores, fue proclamado dios tras su muerte.

SACERDOTISA DEL TEMPLO

VII

COLISEO

Este edificio era un circo o estadio, donde hombres y bestias debían combatir entre ellos para entretener a las grandes masas de espectadores. Los circos fueron populares por toda Roma.

GLADIADOR

La historia

LA CHINA IMPERIAL

China lleva miles de años unida como un solo país. Hasta el siglo xx fue un imperio, un país dirigido por unos gobernantes todopoderosos llamados emperadores. Muchos inventos increíbles se idearon por primera vez en la China imperial, entre ellos la pólvora, la seda, el papel, la imprenta, la brújula, la porcelana y los relojes mecánicos. El sistema de escritura chino se inventó hacia el 1220 a. C. y utiliza más de 50 000 símbolos diferentes.

Dinastías gobernantes

Desde el 221 a. C. hasta 1911, China fue gobernada por una serie de familias reales llamadas dinastías. El líder de una dinastía era el emperador. Algunas dinastías mantuvieron el poder durante cientos de años, otras fueron mucho más breves. En ocasiones, China estuvo dividida en múltiples dinastías que luchaban por lograr el control.

Qin Shi Huang fue el primer emperador de China

La sepultura de Qin Shi Huang estaba repleta de figuras de arcilla.

Capullo de gusano de seda

UN LEGADO DURADERO

LA GRAN MURALLA CHINA

En el norte de China se construyeron una serie de murallas colosales para proteger el país de los invasores. La máxima extensión de la muralla alcanzó unos 21 197 km (13 171 millas). En la actualidad, gran parte de la muralla sigue en pie.

LA RUTA DE LA SEDA

La seda es un tejido hecho con los capullos de los gusanos de seda. China mantuvo en secreto la manera de elaborarla, lo que la hizo extremadamente valiosa. Su llegada a Occidente se efectuaba a través de una ruta comercial que se acabó llamando la Ruta de la Seda.

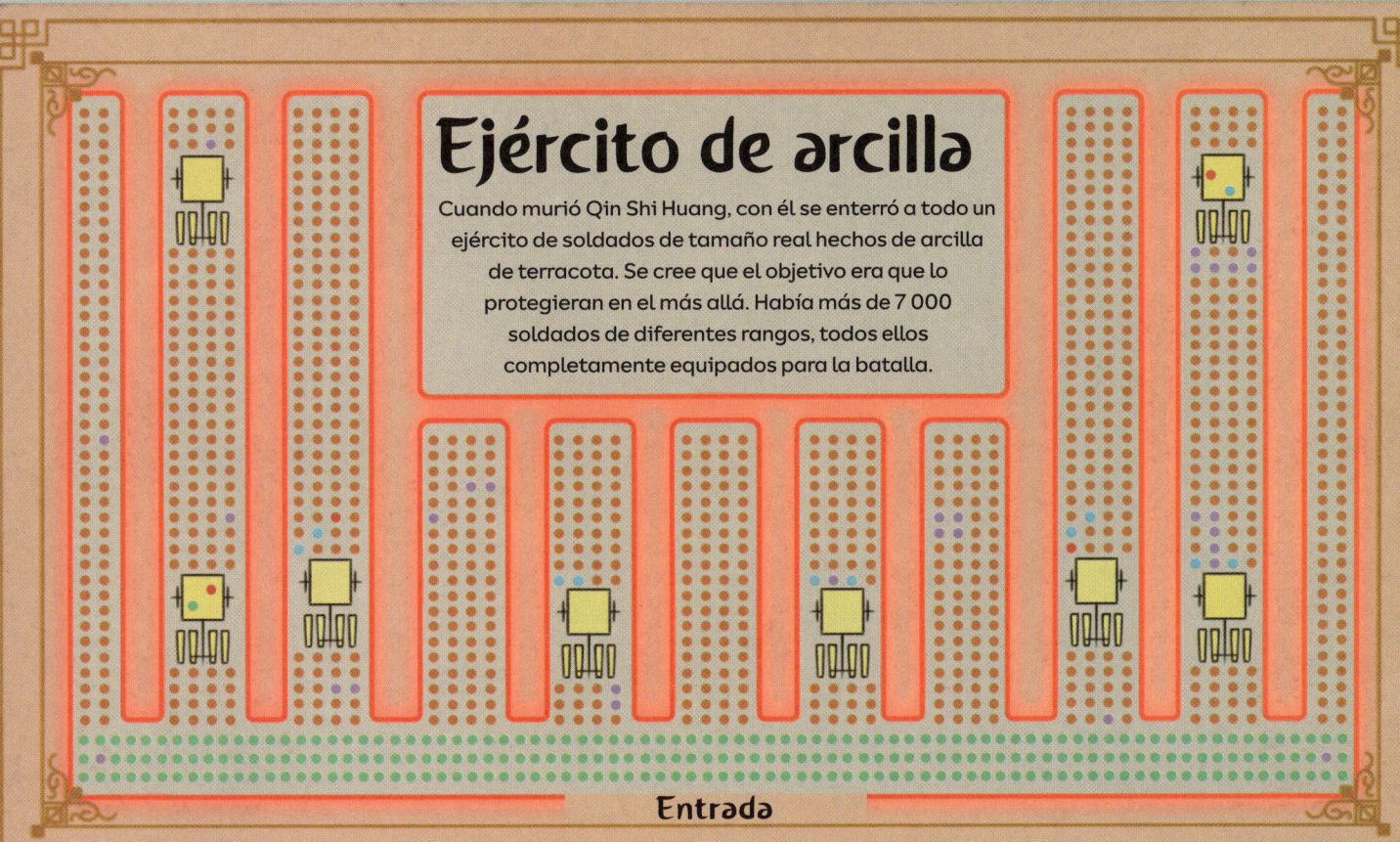

Ejército de arcilla

Cuando murió Qin Shi Huang, con él se enterró a todo un ejército de soldados de tamaño real hechos de arcilla de terracota. Se cree que el objetivo era que lo protegieran en el más allá. Había más de 7 000 soldados de diferentes rangos, todos ellos completamente equipados para la batalla.

Entrada

General
Los generales son el rango más alto de todos los guerreros.

Oficial
Los oficiales están a cargo de otros guerreros e informan a los generales.

Conductores
Los conductores conducían los carros. Llevaban unos cascos protectores.

Arquero
A la cabeza del ejército se alineaban hileras de arqueros. Estaban de rodillas o de pie.

Caballo de carro
Cuatro caballos de arcilla tiraban de cada carro. Los carros de madera se pudrieron.

ARMAS

El ejército de terracota llevaba armas hechas de bronce de verdad. Se utilizaron distintas armas para cada tipo diferente de guerrero.

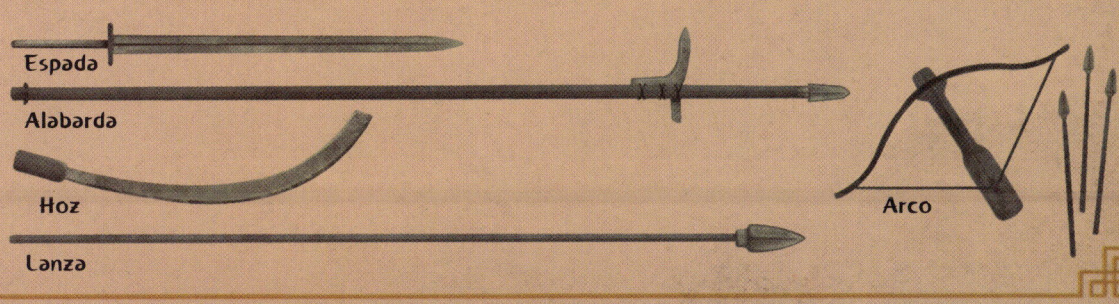

Espada

Alabarda

Hoz

Lanza

Arco

LOS CASTILLOS MEDIEVALES

Durante el periodo medieval (aproximadamente desde el 500 al 1500 d. C.) Europa estuvo gobernada por una serie de reyes y sus señores. Vivían en castillos de piedra, pero la mayor parte de la gente normal lo hacía en chozas de adobe y trabajaba la tierra. Las guerras entre los diferentes territorios e incluso dentro de un mismo país eran habituales, así que los castillos se diseñaron como defensa, pero también como vivienda.

EL SISTEMA FEUDAL

La sociedad medieval era muy estricta, y cada uno tenía su lugar. El rey o la reina eran todopoderosos, y todos los demás estaban por debajo de ellos. En la parte más baja del sistema estaban los sirvientes y los campesinos (agricultores).

Rey — Reina

Señor — Obispo

Señora

Caballero — Sacerdote

Monje — Monja

Artesanos — Alguaciles

Sirvientes   Campesinos

∧ POSICIÓN EN LA CUMBRE

Algunos castillos se construían en laderas o en cumbres. De este modo tenían una excelente vista del terreno circundante, y era más difícil que los atacaran, porque el ejército enemigo tendría que desplazarse cuesta arriba.

LA VIDA DIARIA

Fuera del castillo, la mayoría de la gente eran agricultores. Cultivaban y criaban animales, y pagaban una parte de lo obtenido a su señor a modo de impuesto. La vida en los campos era dura y, por lo general, corta.

∨

Un mapa del
Castillo de Bodiam

MUROS DE PIEDRA

Los muros del castillo ayudaban a repeler a los ejércitos atacantes. Eran altos, pero también de un grosor considerable.

TORREONES

Estas pequeñas torres eran más altas que los muros circundantes, lo que las convertía en útiles miradores.

ASPILLERA

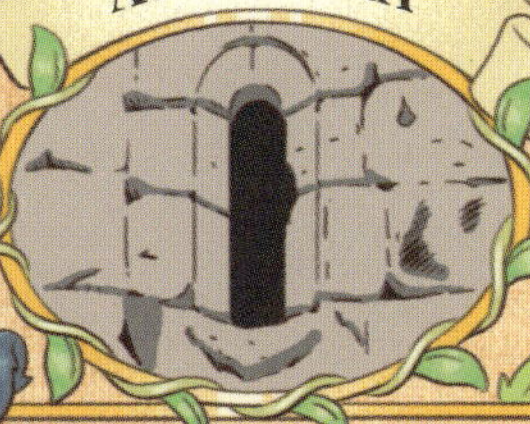

Estrechas ventanitas que permitían a los defensores disparar flechas al exterior, pero que eran objetivos muy pequeños para los atacantes.

ALMENAS

Estas aberturas cuadradas en lo alto del muro permitían a los defensores disparar a los atacantes que estaban abajo.

ESCUDO DE ARMAS

El diseño de cada uno de estos escudos esculpidos está relacionado con una familia noble concreta.

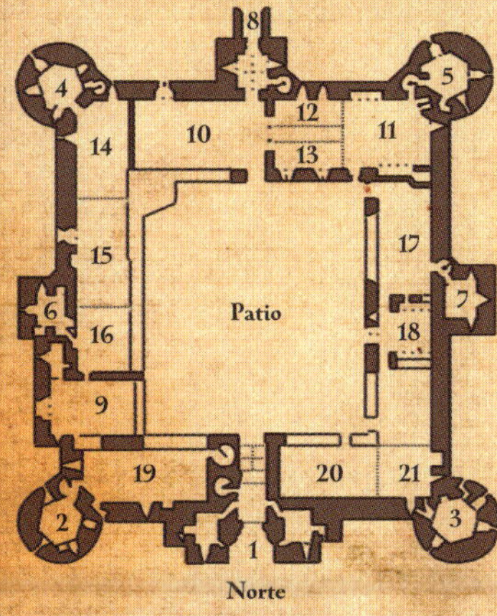

PLANO DEL CASTILLO DE BODIAM, 1391

Todas las áreas militares, de vivienda y religiosas de Bodiam estaban distribuidas alrededor de un patio central, que bullía de actividad con las idas y venidas.

1. Puerta de entrada
2. Torre nordeste
3. Torre noroeste
4. Torre sudeste
5. Torre sudoeste
6. Torre este
7. Torre oeste
8. Torre posterior
9. Capilla
10. Gran salón
11. Cocina
12. Despensa
13. Cava
14. Antecámara
15. Salón
16. Cámara
17. Salón de los sirvientes
18. Cocina de los sirvientes
19. Aposentos de la familia
20. Habitaciones del servicio
21. Caballerizas

Patio

Norte

A **Foso** Un foso lleno de agua dificultaba aún un poco más el acceso de los invasores al castillo.

B **Barbacana** Esta puerta fortificada se colocaba por delante de la puerta principal, como un nivel adicional de defensa.

C **Octógono** En esta isla en el foso podía haber un guardia apostado.

D **Puerta principal** Esta era la entrada principal al castillo. Los agujeros permitían lanzar proyectiles a cualquier atacante.

E **Torre posterior** Esta era la entrada secundaria al castillo. Puede que tuviera un puente levadizo.

F **Puente levadizo** Esta estructura de hierro se podía levantar para impedir el acceso al castillo.

La historia

LA VIDA EN LAS FÁBRICAS

DE LAS ALDEAS...

Durante gran parte de la historia, la gente vivió en pequeños conjuntos de viviendas. La mayor parte de sus habitantes trabajaban como agricultores en terrenos compartidos o en un terreno alquilado a los señores. Solo algunos de ellos tenían una profesión o gestionaban negocios.

ANTES DE 1750

...A LAS CIUDADES

Tras la Revolución Industrial, mucha gente se trasladó a vivir a las ciudades. Las fábricas necesitaban mucha mano de obra, lo que provocó que la gente viviera más cerca que nunca los unos de los otros.

DESPUÉS DE 1750

Alrededor de 1750, Gran Bretaña sufrió un cambio enorme, conocido como la Revolución Industrial, que más tarde se extendió por todo el mundo. La invención del motor de vapor condujo a su vez a otra novedad que cambiaría el mundo: las fábricas.

1 AGRICULTURA
Criaban animales para obtener leche y carne. Se plantaban y recolectaban cosechas de nabos, zanahorias o trigo, por ejemplo.

2 CASAS FAMILIARES
La gente vivía en casas pequeñas y sencillas. La mayoría de los hogares eran de una planta y tenían una única estancia.

3 TIERRAS COMUNALES
Algunas tierras eran de propiedad comunitaria, lo que significa que eran de todos y que todos podían usarlas.

4 PEQUEÑOS NEGOCIOS
Algunas personas tenían un trabajo especializado. Por ejemplo, los herreros elaboraban objetos de metal y los tejedores confeccionaban telas.

5 TIENDAS DE COMESTIBLES
A medida que la gente dejó de cultivar su propia comida, tuvo que comprarla. Se abrieron tiendas para vender alimentos a los trabajadores.

6 VIVIENDAS REPLETAS
La mayor parte de la gente vivía en habitaciones individuales o en pisos pequeñitos, todos hacinados. A veces compartían el espacio con otras familias.

7 CALLES MUY TRANSITADAS
Las calles de la ciudad estaban muy transitadas, tan repletas de gente y vehículos tirados por caballos que desplazarse por ellas no era sencillo.

8 FÁBRICAS
Las fábricas tenían hileras de máquinas, que funcionaban con motores de vapor. Trabajar en las fábricas era algo duro, peligroso y sucio.

9 ESMOG
Toda la ciudad estaba cubierta por una gruesa capa de esmog: aire contaminado con el humo generado por las fábricas.

Nueva tecnología

Una serie de inventos hizo que fabricar las cosas fuera más rápido y fácil que antes, de manera que los productos podían elaborarse en grandes cantidades. Antes de que apareciera la hiladora Jenny, solo se podía hacer un hilo a la vez. Con ella se podían hacer ocho.

LA ENERGÍA DEL CARBÓN

¡La extracción de carbón era un trabajo importante! Las máquinas con motores de vapor funcionaban con carbón; este se quemaba para transformar el agua en vapor que impulsaba los motores. El invento del motor de vapor hizo posible que los trenes viajaran sobre vías para transportar personas y mercancías a mayor velocidad.

La historia

Reina Victoria

EL IMPERIO BRITÁNICO

Hubo un tiempo en que las islas de Gran Bretaña, equipadas con una poderosa armada, gobernaron un imperio que se extendía por gran parte del mundo. La monarca con el gobierno más largo del imperio fue la reina Victoria (1819-1901).

TAMAÑO:
35,5 MILLONES DE KM²
(13,7 MILLONES DE MI²)

MÁXIMO APOGEO: 1919

EL 26,4% DEL SUELO TERRESTRE

LOS IMPERIOS

Cuando un país gobierna sobre otras muchas naciones decimos que tiene un imperio. Ha habido imperios durante toda la historia… pues algunos gobernantes siempre desean más. Desde el siglo XVI, los dirigentes europeos se volvieron particularmente ávidos de poder y expandieron sus imperios por todo el mundo. A los países que conquistaban se les llamaba colonias.

¿POR QUÉ SE CREABAN LOS IMPERIOS?

Hacerse con más tierras daba acceso a los gobernantes a trabajadores, materias primas, mercancías, mercados y ubicaciones útiles para el comercio. Los países poderosos utilizaban los recursos de los lugares que conquistaban para conseguir ser todavía más fuertes.

Planta del algodón

Diamantes

Oro

Luchar contra el poder extranjero

El gobierno colonial a veces era cruel e injusto, y hubo protestas y levantamientos contra él. En India, Mahatma Gandhi lideró las protestas no violentas contra el gobierno británico, que acabaron llevando a la independencia de la India.

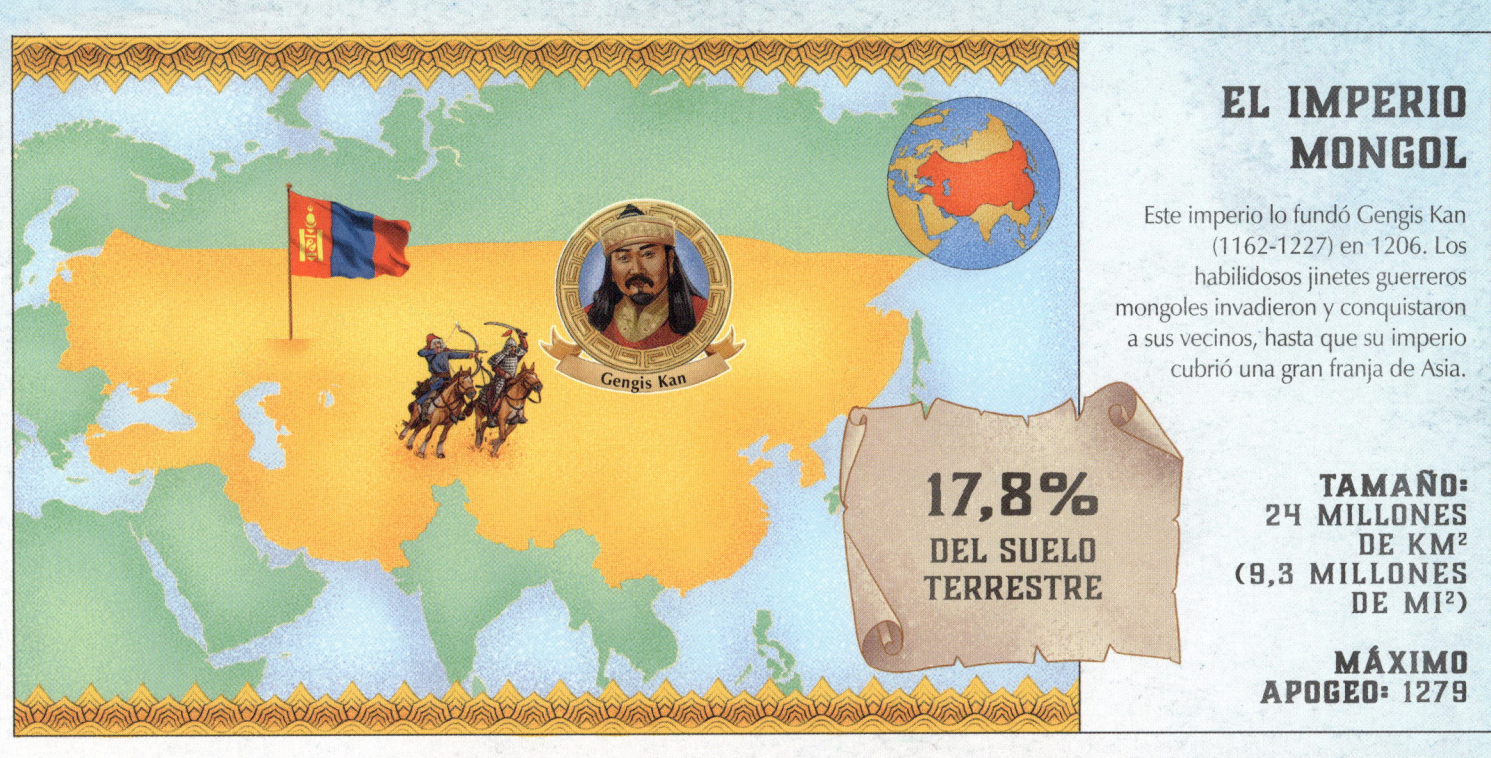

EL IMPERIO MONGOL

Este imperio lo fundó Gengis Kan (1162-1227) en 1206. Los habilidosos jinetes guerreros mongoles invadieron y conquistaron a sus vecinos, hasta que su imperio cubrió una gran franja de Asia.

Gengis Kan

17,8% DEL SUELO TERRESTRE

TAMAÑO: 24 MILLONES DE KM² (9,3 MILLONES DE MI²)

MÁXIMO APOGEO: 1279

EL IMPERIO RUSO

A finales del siglo XIX, Rusia era el país más grande del mundo. Gobernantes como Catalina la Grande (1729-1769) libraron guerras contra Persia y otros países vecinos para expandir sus fronteras.

TAMAÑO: 22,8 MILLONES DE KM² (8,8 MILLONES DE MI²)

MÁXIMO APOGEO: 1895

Catalina la Grande

Pedro el Grande

16,9% DEL SUELO TERRESTRE

< EL FINAL DE LOS IMPERIOS

Los imperios europeos acabaron por desaparecer. Muchos países colonizados derrocaron a sus opresores y consiguieron la libertad. En 1957, Ghana se convirtió en el primer país africano en independizarse de Gran Bretaña. Kwame Nkrumah (en la foto) fue su primer líder.

LAS REVOLUCIONES

¿Qué harías tú si tu vida fuera extremadamente difícil y diera la impresión de que los líderes de tu país no quieren ayudar? Puede que tuvieras la tentación de intentar cambiar las cosas. Podrías expresar tu opinión y esperar a que los gobernantes te escucharan e intentaran ayudar a la gente de su país. Pero si eso no funcionara y la injusticia continuara, o empeorara, podría ser que acabaras decidiendo rebelarte.

¡Las manifestaciones pueden iniciar revoluciones!

Un mes antes de que empezara la Revolución rusa, el pueblo se congregó delante del Palacio de Invierno para protestar contra el zar.

¿Qué es una revolución?

Una revolución es un cambio repentino en la manera de gobernar un país. Generalmente trae consigo un sistema político completamente nuevo. Las revoluciones pueden ser el resultado de protestas pacíficas, como las marchas..., pero algunas comportan enfrentamientos.

REVOLUCIÓN FRANCESA

En 1789 en Francia la gente normal casi no podía comprar comida porque era muy cara, mientras que los ricos vivían en grandes casas y comían mejor que bien. El pueblo se sublevó, tomó el control y condenó a cientos de nobles a morir guillotinados, entre ellos el rey y la reina.

REVOLUCIÓN RUSA

En Rusia, los trabajadores vivían en condiciones terribles, con mucho trabajo y sin comida suficiente. A principios del siglo XX se rebelaron. El zar (rey) fue obligado a renunciar, y Vladímir Lenin tomó el poder.

Zar Nicolás II

Vladímir Lenin

Rey Luis XVI y reina María Antonieta.

LA LUCHA POR LA INDEPENDENCIA AMERICANA

Gran Bretaña controlaba partes de Norteamérica desde el siglo XVII, pero a mediados del siglo XVIII los estadounidenses estaban hartos: querían la libertad. Sin embargo, los británicos no estaban dispuestos a abandonar su colonia sin luchar. Así que en 1775 comenzó la guerra de la Independencia americana.

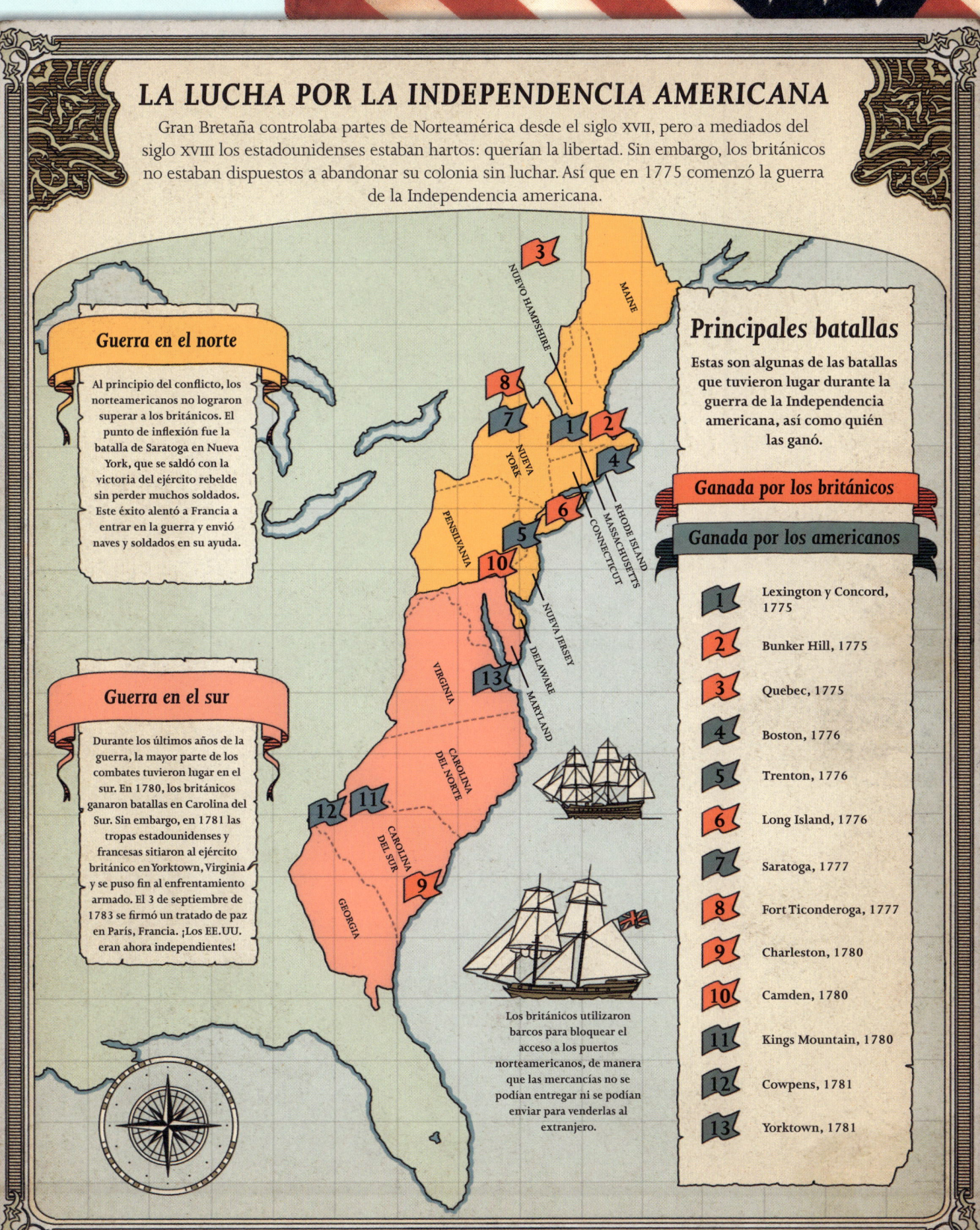

Guerra en el norte

Al principio del conflicto, los norteamericanos no lograron superar a los británicos. El punto de inflexión fue la batalla de Saratoga en Nueva York, que se saldó con la victoria del ejército rebelde sin perder muchos soldados. Este éxito alentó a Francia a entrar en la guerra y envió naves y soldados en su ayuda.

Guerra en el sur

Durante los últimos años de la guerra, la mayor parte de los combates tuvieron lugar en el sur. En 1780, los británicos ganaron batallas en Carolina del Sur. Sin embargo, en 1781 las tropas estadounidenses y francesas sitiaron al ejército británico en Yorktown, Virginia y se puso fin al enfrentamiento armado. El 3 de septiembre de 1783 se firmó un tratado de paz en París, Francia. ¡Los EE.UU. eran ahora independientes!

Principales batallas

Estas son algunas de las batallas que tuvieron lugar durante la guerra de la Independencia americana, así como quién las ganó.

Ganada por los británicos

Ganada por los americanos

- **1** Lexington y Concord, 1775
- **2** Bunker Hill, 1775
- **3** Quebec, 1775
- **4** Boston, 1776
- **5** Trenton, 1776
- **6** Long Island, 1776
- **7** Saratoga, 1777
- **8** Fort Ticonderoga, 1777
- **9** Charleston, 1780
- **10** Camden, 1780
- **11** Kings Mountain, 1780
- **12** Cowpens, 1781
- **13** Yorktown, 1781

Los británicos utilizaron barcos para bloquear el acceso a los puertos norteamericanos, de manera que las mercancías no se podían entregar ni se podían enviar para venderlas al extranjero.

NUEVO HAMPSHIRE

MAINE

NUEVA YORK

PENSILVANIA

RHODE ISLAND

MASSACHUSETTS

CONNECTICUT

NUEVA JERSEY

DELAWARE

MARYLAND

VIRGINIA

CAROLINA DEL NORTE

CAROLINA DEL SUR

GEORGIA

La historia

153

PRIMERA GUERRA MUNDIAL (1914–1918)

LEYENDA
● Potencias aliadas
● Potencias centrales
● Países neutrales

La Primera Guerra Mundial se desencadenó tras el asesinato del heredero al trono austriaco. Austria-Hungría culpó a su rival, Serbia, y le declaró la guerra. A cada país se le unieron aliados, lo que condujo a una guerra entre dos conjuntos de países, o potencias, en las que participó la mayor parte de Europa.

1. Trincheras
Los soldados se pasaban los días en las trincheras: zanjas profundas excavadas en el suelo. Era sucio, y a menudo las trincheras se inundaban.

2. Tierra de nadie
Entre las trincheras de cada bando había un espacio llamado tierra de nadie. Los soldados salían de las trincheras para luchar.

La cocina Tommy
Esta pequeña estufa portátil se podía plegar. Principalmente se usaba para hacer guisos.

LA PRIMERA GUERRA

A. Las mujeres en la guerra
Con los hombres lejos combatiendo, las mujeres trabajaban en las oficinas, en las fábricas, en las granjas y en las tiendas, en funciones que antes habían asumido los hombres.

B. Ataques aéreos
Los aviones alemanes, conocidos como zepelines, atacaron desde el aire Gran Bretaña y lanzaron bombas.

C. El metro de Londres
La gente se refugiaba de los bombardeos en el metro de Londres. Muchos se pasaban largas noches intentando dormir en los andenes de los trenes.

D. Racionamiento
La escasez de comida hizo necesario racionarla: cada persona solo tenía derecho a una cierta cantidad de azúcar, de carne, de mantequilla y de leche.

E. Los niños y la guerra
Los niños hacían lo que podían para ayudar, por ejemplo, recogían libros y mantas para enviárselos a los soldados al frente.

LA PRIMERA GUERRA MUNDIAL EN CASA

3. Tanques

La Primera Guerra Mundial vio la aparición en combate de los tanques. Su tracción era tipo oruga, lo que les permitía cruzar las trincheras y las alambradas.

4. Guerra en el mar

Los ataques desde el mar fueron habituales. A los buques de guerra más grandes se les llamaba acorazados, y disponían de unos cañones enormes.

5. Cocinar

Como cocinar en las húmedas trincheras era difícil, los soldados comían sobre todo cosas frías, como pan, mermelada y carne enlatada.

6. Armas

Las armas más utilizadas eras rifles, granadas, ametralladoras y proyectiles explosivos.

Máscaras de gas
Estas máscaras protegían de los ataques con gases venenosos.

Ratas gigantes
En las trincheras había ratas enormes, que hacían más desagradable aún la vida de los soldados.

MUNDIAL EN EL CAMPO DE BATALLA

LA SEGUNDA GUERRA MUNDIAL

La Segunda Guerra Mundial empezó cuando Alemania, dirigida por Adolf Hitler, comenzó a invadir otros países. Los países eligieron bando, y los del Eje (Alemania, Italia y Japón) se enfrentaron a los Aliados (Francia, Gran Bretaña, EE. UU. y la Unión Soviética). Ambos bandos utilizaron material bélico mucho más avanzado que en la Primera Guerra Mundial.

SEGUNDA GUERRA MUNDIAL (1939–1945)

- Potencias del Eje
- Países controlados por las potencias del Eje
- Potencias aliadas
- Países neutrales

Los EE. UU. lanzaron dos bombas atómicas sobre ciudades japonesas y pusieron fin a la guerra.

GLOSARIO

ADAPTADO

Cambio de un ser vivo a lo largo del tiempo para amoldarse mejor a su entorno.

AGUJERO NEGRO

Área del espacio cuya enorme fuerza gravitacional absorbe en su interior todo lo que se acerca demasiado, incluso la luz.

ANFIBIO

Vertebrado que suele vivir en el agua de joven y que después, de adulto, se mueve entre la tierra y el agua.

ANTEPASADO

Persona de quien alguien desciende, como una tatarabuela.

ARQUITECTO

Persona que diseña edificios.

ASENTAMIENTO

Lugar donde la gente se ha instalado y ha construido casas.

ATMÓSFERA

Capa de gases que rodea a un planeta.

ÁTOMO

La parte más pequeña posible de un elemento químico. Los átomos se componen de protones, neutrones y electrones.

AVE

Vertebrado ovíparo que tiene plumas y a menudo es capaz de volar.

BIOMA

Paisaje principal del mundo natural, como el bosque tropical, el desierto o el pastizal templado. Cada bioma tiene su propio clima, vegetación y vida animal característicos.

CADENA ALIMENTARIA

Grupo de seres vivos que están unidos por lo que comen. Por ejemplo, de una planta a un herbívoro y después a un carnívoro.

CAMBIO CLIMÁTICO

Cambios a largo plazo en los modelos climatológicos de la Tierra.

CARNÍVORO

Animal que se alimenta de otros animales.

CÉLULA

Unidad básica de la que están hechos todos los seres vivos.

CELULOSA

Sustancia dura que se encuentra en las membranas de las células de las plantas.

CIUDADANO

Persona que es miembro de un Estado o un país concreto.

CIVILIZACIÓN

Cultura y modo de vida de la gente que convive en una sociedad organizada y desarrollada.

CLIMA

Condiciones climatológicas más habituales en una zona durante un periodo de tiempo.

COMBUSTIÓN

Reacción química en la que un combustible, como la madera o el carbón, se quema con el oxígeno del aire para liberar energía térmica.

CONSTELACIÓN

Grupo de estrellas que siguen un patrón y que representan en su mayoría a animales, objetos o figuras de la mitología.

DEFORESTACIÓN

Desmonte o tala de los bosques.

DINOSAURIO

Reptil que vivió durante la era mesozoica, hace entre 250 y 66 millones de años.

DIOS

Ser sobrenatural adorado por tener grandes poderes, y que a veces puede influir en acontecimientos humanos.

DIÓXIDO DE CARBONO

Gas que forma una pequeña parte de la atmósfera. Algunos seres vivos, como las plantas, lo utilizan para alimentarse.

ECOSISTEMA

Comunidad de plantas y animales vivos, y sustancias sin vida, como el aire y el agua, que ocupan el mismo hábitat e interaccionan entre ellos.

ELECTRICIDAD

Tipo de energía que provocan los electrones en el interior de los átomos.

ELEMENTO

Partícula básica de la formación de la materia hecha de un tipo de átomo.

ENERGÍA

Propiedad de un objeto que le permite hacer algo en el momento o en el futuro. Entre los distintos tipos de energía están la cinética (movimiento) y la potencial (almacenada).

EPIDEMIOLOGÍA

Estudio de las enfermedades.

ESPACIO

Lugar más allá de la atmósfera de la Tierra.

ESTRELLA

Inmensa esfera brillante de gas que crea energía en su centro.

EVOLUCIÓN

Cambio gradual de una especie a lo largo de muchas generaciones.

EXOPLANETA

Planeta que orbita alrededor de una estrella fuera de nuestro sistema solar.

FARAÓN
Antiguo gobernante egipcio.

FERTILIZANTE
Sustancia que se añade a la tierra para ayudar a crecer a las plantas.

FÓSIL
Restos de una planta o de un animal conservados en el interior de una roca.

GALAXIA
Enorme grupo de estrellas, polvo y gas que se mantienen juntos por la fuerza de la gravedad. Vivimos en una galaxia llamada Vía Láctea.

HÁBITAT
Lugar donde vive normalmente una planta o un animal.

HERBÍVORO
Animal que come plantas.

HONGOS
Grupo de seres vivos, entre los que están los champiñones y las setas venenosas.

IMPERIO
Grupo de países o territorios gobernados por otro país.

INDUSTRIA
Organización que produce (fabrica) algo.

INSECTO
Criatura de seis patas y cuerpo de tres partes. Muchos también tienen alas.

INVERTEBRADO
Animal que no tiene columna vertebral.

MAMÍFERO
Integrante de un grupo de vertebrados de sangre caliente, a menudo peludo, cuyas hembras alimentan a sus crías con leche.

MANIFESTACIÓN
Muestra de que no estás de acuerdo con algo o que no lo apruebas.

MÁS ALLÁ
Vida o estado del ser que algunas personas creen que tiene lugar después de la muerte.

MIGRACIÓN
Viaje de un animal hacia un nuevo hábitat. Los animales migran para pasar el invierno en lugares más cálidos, para alimentarse o para reproducirse.

MITO
Historia antigua que contiene elementos históricos.

MOLÉCULA
Sustancia compuesta de dos o más átomos fuertemente unidos. Los átomos de una molécula pueden ser iguales o diferentes.

OXÍGENO
Gas que constituye el 21% de la atmósfera.

PANDEMIA
Enfermedad que se propaga por todo un país o por todo el mundo.

PARTÍCULA
Pequeña parte de un sólido, un líquido o un gas.

PERIODO MEDIEVAL
También conocido como Edad Media, este periodo de la historia europea duró aproximadamente desde el siglo v hasta finales del siglo xv d. C.

PEZ
Vertebrado que respira a través de unos órganos llamados branquias y que vive en el agua.

PICOSEGUNDO
Trillonésima parte de un segundo.

PLACAS TECTÓNICAS
Trozos gigantes de la corteza terrestre que se desplazan durante millones de años.

PLANTA
Ser vivo integrante del grupo en el que están los árboles, los helechos y los musgos.

POLINIZACIÓN
Transferencia de polen de la parte masculina de la flor a la parte femenina de otra flor. La polinización es esencial para que las plantas fabriquen semillas.

PROFESIÓN
Tipo de trabajo que necesita una formación concreta.

PROTEÍNA
Sustancia que fabrican todas las células y que es esencial para la vida.

RECEPTOR
Célula u órgano que puede responder a estímulos, como el calor o la luz.

REPTIL
Grupo animal en el que están las tortugas, los cocodrilos y las serpientes. Tienen la piel seca y con escamas, y por lo general ponen huevos en la tierra.

REVOLUCIÓN
Cambio repentino y fundamental en la sociedad llevado a cabo por un grupo organizado de manifestantes.

SISTEMA SOLAR
El Sol y los planetas y otros objetos que orbitan a su alrededor.

TRANSPIRACIÓN
Pérdida de vapor de agua de una planta a causa de la evaporación.

UNIVERSO
Todo el espacio y todo lo que hay en él.

VERTEBRADO
Animal con columna vertebral.

ÍNDICE

AGRADECIMIENTOS

Los editores agradecen a los siguientes su generosa ayuda en la preparación del libro: Rituraj Singh por su ayuda con la biblioteca de fotos, a Pankaj Sharma por su ayuda en la DTP, a Helen Peters por elaborar el índice y a Polly Goodman por la corrección.

Los editores agradecen a los siguientes su amable permiso para la reproducción de sus fotografías:

(Clave: a: arriba; b: bajo/debajo; c: centro; d: derecha; e: extremo; i: izquierda; s: superior):

3 Dreamstime.com: Kaspri (cb); Youths (cia); Vladimir Yudin (cb/sello). 6-7 123RF.com: max776 (mapa). Dreamstime.com: Bbgreg. 8-9 Dorling Kindersley: © Kaley McKean. 9 Alamy Stock Photo: MMphotos (bd). Dreamstime.com: Andreykuzmin (si/fondo). NASA: SOFIA / Lim, De Buizer, & Radomski et al.; ESA / Herschel; NASA / JPL-Caltech (si). 10 Alamy Stock Photo: MMphotos (cb/ fondo). Dorling Kindersley: © Kaley McKean (si, bi). NASA: (cb). 12-13 Dreamstime.com: Avictorero (fondo). 14 Alamy Stock Photo: CBW (sd); MMphotos (sd/fondo). Dorling Kindersley: © Kaley McKean (ci). Dreamstime.com: Artur Balitskii (bi); Bolotov (cdb/fondo). 15 Alamy Stock Photo: MMphotos (fondo). 16-17 Alamy Stock Photo: MMphotos (fondo). Dorling Kindersley: © Kaley McKean (bc). 17 Dorling Kindersley: © Kaley McKean (d). 18-19 Dreamstime.com: Avictorero (fondo). 19 Alamy Stock Photo: MMphotos (bd/fondo). Science Photo Library: Ron Miller (bd). 20 123RF.com: leonello calvetti (ca). Alamy Stock Photo: MMphotos (sd/fondo). Dreamstime.com: Travelarium (bi). Getty Images / iStock: dima_zel (sd). NASA: JPL-Caltech (c). Science Photo Library: Mark Garlick (cib, ci). 21 Alamy Stock Photo: MMphotos (cia/fondo). Dorling Kindersley: Kaley McKean (ilustraciones). Dreamstime.com: Stockfotocz (cia). 22 Alamy Stock Photo: Dimitris K. (bc/fondo); Science History Images / Photo Researchers (bi); Pictorial Press Ltd (bc). Dorling Kindersley: Kaley McKean (cda). 24 Dorling Kindersley: Dave Shayler / Astro Info Service Ltd / Gary Ombler (bd). 24-25 Dreamstime.com: Avictorero (fondo). 25 Alamy Stock Photo: MMphotos (cb/fondo, cdb/fondo). NASA: JPL-Caltech / ASU / MSSS (cb); JPL (cdb). 27 Dreamstime.com: Bbgreg (bd). 28 Dorling Kindersley: © Kaley McKean (c). Dreamstime.com: Banluporn Namnorin (sd). Science Photo Library: ADAM HART-DAVIS (cib). 29 Alamy Stock Photo: MMphotos (fondos x4). Dreamstime.com: Banluporn Namnorin (cib). 31 Dorling Kindersley: Natural History Museum / Tim Parmenter (si). 32-33 Alamy Stock Photo: MMphotos (fondo). 38 Alamy Stock Photo: MMphotos (bi/fondo). Dorling Kindersley: © Kaley McKean (cd). 40 Alamy Stock Photo: Classic Image (sd); Iconographic Archive (c). Dreamstime.com: Puntasit Choksawatdikorn (bd); Serbysh (c/fondo, sd/fondo). Science Photo Library: Ziad M. El-zaatari (cb). 41 Alamy Stock Photo: MMphotos (sd/fondo). Dorling Kindersley: © Kaley McKean (si). 42 Dorling Kindersley: © Kaley McKean (bi, cda). Dreamstime.com: Lou Oates (cdb); Vadreams (bd). 43 Alamy Stock Photo: MMphotos (fondo). 44-45 Alamy Stock Photo: MMphotos (fondo). 44 Dreamstime.com: Tiagoz (b). 45 Dorling Kindersley: © Kaley McKean (b). 46-47 123RF.com: atee83 / Attila Mittl (salpicaduras x3). 47 Science Museum Group: © Science Museum / Science & Society Picture Library (s). 50 Dorling Kindersley: © Kaley McKean (b). 51 Dreamstime.com: Piman Khrutmuang (bi). 52 Dreamstime.com: Bolotov (bd). 53 Alamy Stock Photo: MMphotos (fondo). Dreamstime.com: Bolotov (bc/fondos x2); Liligraphie (sd/fondo). 54-55 Alamy Stock Photo: MMphotos (fondo). 54 Dorling Kindersley: Natural History Museum, London / Colin Keates (cda). 55 Dorling Kindersley: Oxford University Museum of Natural History / Gary Ombler (sc). 56 Alamy Stock Photo: MMphotos (bi/fondo). Science Photo Library: Science Stock Photography (bd). Shutterstock.com: Daniel K. Driskill (bi). 57 Dorling Kindersley: © Kaley McKean (d). 58 Alamy Stock Photo: MMphotos (cd/fondo, bi/fondo). Dreamstime.com: Andreykuzmin (ci/fondo); Youths (ci); Bolotov (sc/fondo, cdb/fondo); Karen Foley (bi); Darkbird77 (bd/fondo); Oleg Seleznev (sd); Serbysh (sd/fondo). Getty Images / iStock: E+ / KenCanning (c); Pro-syanov (bc); javarman3 (cd). 59 Alamy Stock Photo: MMphotos (sd/fondo, ci/fondo). Dorling Kindersley: © Kaley McKean (b). Dreamstime.com: Andreykuzmin (si/fondo); Kaspri (cd); Serbysh (cd/fondo); Anna Karaseva (si); Rui Baião (c). Getty Images / iStock: Robert_Ford (ci); SteveAllenPhoto (cda). 60 Alamy Stock Photo: MMphotos (d/fondos x3). Dorling Kindersley: © Kaley McKean (cib). Dreamstime.com: Oksana Ermak (bi); Rangizzz (ca); Inga Nielsen (cda); Egon Zitter (cdb). Getty Images / iStock: IanChrisGraham (cd). 61 Alamy Stock Photo: MMphotos (fondo). Dreamstime.com: Dewins (sd). 62-63 Alamy Stock Photo: MMphotos (fondo). 64 Alamy Stock Photo: MMphotos (sc/fondo). Dreamstime.com: Youths (bc). Getty Images / iStock: Rainer von Brandis (sc). 66 Alamy Stock Photo: Horizon Images / Motion (cda); MMphotos (cda/fondo, bi/fondo). 66-67 Dreamstime.com: Andreykuzmin (b/gráfico). 67 Alamy Stock Photo: Associated Press / Bullit Marquez (cia); MMphotos (cia/fondo). Dorling Kindersley: © Kaley McKean (sd). 68 Alamy Stock Photo: Heritage Image Partnership Ltd / Historica Graphica Collection (c); MMphotos (ci/fondo, cdb/fondo); Stocktrek Images, Inc. / Walter Myers (cdb). Depositphotos Inc: marzolino (sd). Dorling Kindersley: © Kaley McKean (b). 70 Alamy Stock Photo: MMphotos (bd/fondo). 70-71 Dreamstime.com: Soulart2012 (fondo). 71 Dorling Kindersley: © Kaley McKean (b). 72 Alamy Stock Photo: MMphotos (i/fondos x4). Dorling Kindersley: © Kaley McKean (cdb). Dreamstime.com: Mihai Andritoiu (i/estaciones x4). 73 Alamy Stock Photo: MMphotos (fondos x4). Dorling Kindersley: © Kaley McKean (cda). Dreamstime.com: Ryan Deberardinis (bc). Getty Images / iStock: jerbarber (bi); mdesigner125 (cdb). 74-75 Alamy Stock Photo: MMphotos (fondo). 74 Dorling Kindersley: © Kaley McKean (bi). 75 Alamy Stock Photo: Minden Pictures / Jim Brandenburg (bi); MMphotos (bi/fondo). 76-77 Alamy Stock Photo: MMphotos (fondo). 76 Dreamstime.com: Piman Khrutmuang (bi/etiquetas). Shutterstock.com: Wondermilkycolor (bi/etiquetas). 77 Dreamstime.com: Piman Khrutmuang (bi/etiquetas); Pixelrobot (tejido). Shutterstock.com: Wondermilkycolor (bi/etiquetas). 78-79 Getty Images / iStock: taseffski (fondos x2). 79 Alamy Stock Photo: MMphotos (sd/fondo). Getty Images / iStock: E+ / 35007 (sd). 80 Alamy Stock Photo: MMphotos (d/fondos x5). Dorling Kindersley: © Kaley McKean (cib). Dreamstime.com: Onepony (cda); Sborisov (ca); Xi Zhang (cb); Saiko3p (bd). Getty Images / iStock: Ahmed_Abdel_Hamid (cdb). 81 Alamy Stock Photo: Chronicle (sd). Dorling Kindersley: © Kaley McKean (b). Dreamstime.com: Andreykuzmin (sc/fondo); Serbysh (sd/fondo); Rodrigolab (c); Prochasson Frederic (sc); Yurataranik (cia). 82 Alamy Stock Photo: MCLA Collection (cib). 82-83 Alamy Stock Photo: Penta Springs Limited / Artokoloro (fondo). Dreamstime.com: Tortoon (manchas). 85 Alamy Stock Photo: Marina Josan (bd); MMphotos (si/fondo). Dreamstime.com: Bolotov (sc/fondo); Vladimir Yudin (sc/sello). 86-87 Alamy Stock Photo: MMphotos (fondo). 88-89 Alamy Stock Photo: MMphotos (fondo). 89 Alamy Stock Photo: MMphotos (cib/fondo). Science Photo Library: Biozentrum, University Of Basel (cib). 91 Alamy Stock Photo: The Natural History Museum, London (sd). Dorling Kindersley: © Kaley McKean (cib). Dreamstime.com: Pixworld (cb). 92 Alamy Stock Photo: era-images / Colin Harris (cdb); MMphotos (cdb/fondo). Dorling Kindersley: © Kaley McKean (b). 94 Dorling Kindersley: © Kaley McKean (bi). Dreamstime.com: Alfotokunst (cda); Cathy Keifer (cdb); Dmass / Dave Massey (bd). Getty Images / iStock: fabioski (c). Getty Images: mikroman6 (sd). 95 Alamy Stock Photo: MMphotos (cia/fondo). Dorling Kindersley: © Kaley McKean (bd). Dreamstime.com: Bolotov (sd/fondo); Vladimir Yudin (sd/sello). 96-97 Alamy Stock Photo: MMphotos (fondo). 97 Alamy Stock Photo: Mateusz Atroszko (bc). 98 Alamy Stock Photo: MMphotos (cb/fondos x3). Dorling Kindersley: © Kaley McKean (sd). Dreamstime.com: Lukas Blazek (cdb); Eamelrose (cb). Science Photo Library: Science Source / Tom Mchugh (cib). 99 Dorling Kindersley: © Kaley McKean (i). Dreamstime.com: Romannerud (bd). Getty Images: Dmitry Miroshnikov (sd). 100 Dreamstime.com: Patrick Guenette (bi, bd). 101 Getty Images: DigitalVision Vectors / ilbusca (bc). 102-103 Alamy Stock Photo: MMphotos (fondos x5). 102 Alamy Stock Photo: Karen Debler (cia); Krystyna Szulecka (ci); Minden Pictures / Michael & Patricia Fogden (bi); Florilegius (cda). Dorling Kindersley: Kaley McKean (cdb). 104-105 Alamy Stock Photo: MMphotos (b/fondos x5). Dreamstime.com: Winai Tepsuttinun (sc). 104 Dorling Kindersley: Kaley McKean (c). Dreamstime.com: Shane Myers (bd); Zina Seletskaya (cb). 105 Dorling Kindersley: Kaley McKean (ci). Dreamstime.com: Bobhilscher (bd); Sandra Standbridge (si); Danolsen (cda); David Havel (cb). Getty Images: Kuritafsheen (bi). 106 Alamy Stock Photo: MMphotos (ci/fondo); Nature Picture Library / Konrad Wothe (ci). 107 Alamy Stock Photo: MMphotos (sd/fondo); David Wilkins (sd). 108 Alamy Stock Photo: MMphotos (d/fondos x4); Nature Picture Library / Michel Poinsignon (sd). Dreamstime.com: Darrin Aldridge (ca); Feathercollector (bi); Dennis Jacobsen (cdb); Birdiegal717 (bc). 108-109 Dorling Kindersley: Kaley McKean. 109 Alamy Stock Photo: Classic Collection (cda); Florilegius (ca). Getty Images / iStock: Nadtytok (si). 112 Alamy Stock Photo: MMphotos (cb/fondos x3). Dreamstime.com: Josiah Garber (cdb); SappheirosPhoto (cb). Getty Images: De Agostini Picture Library (cib). 113 Alamy Stock Photo: MMphotos (bd/fondo, ca/fondo, cdb/fondo); Pictures Now (si/oso polar). Dreamstime.com: Gary Gray (c); Serbysh (si, cda/fondo, c/fondo, cb/fondo, bi/fondo); Wirestock (cda); Sdbower (cb). Shutterstock.com: Anne Coatesy (bi). 114-115 Alamy Stock Photo: MMphotos (fondo). 114 Dorling Kindersley: Kaley McKean (bi). 116-117 Alamy Stock Photo: MMphotos (fondo). 116 Alamy Stock Photo: Penta Springs Limited (bd). Dorling Kindersley: Royal Geographical Society, London / Dave King (bi). 117 Alamy Stock Photo: MMphotos (sd/fondo). Dreamstime.com: Mariusz Prusaczyk (sd); Youths (sd/textura de sello). 118 Alamy Stock Photo: MMphotos (fondos x2); WaterFrame (ci). Dorling Kindersley: Kaley McKean (cd). Dreamstime.com: Okemppainen (bc). 120 Dreamstime.com: Coffeechocolates (bd). 120-121 Dreamstime.com: Claudiodivizia (fondo). 121 Dreamstime.com: Coffeechocolates (bd). 122 Alamy Stock Photo: MMphotos (i/fondos x2). Dreamstime.com: Jonathan Casey (cia); Elena Elisseeva (cb); Marek Mnich (ca). 122-123 Dorling Kindersley: Kaley McKean. 123 Alamy Stock Photo: MMphotos (bi/fondos x2). Dreamstime.com: Peter Hermes Furian (ca); Angelo Gilardelli (sc); Valerygreen (ci). Getty Images / iStock: Feellife (bi). 124-125 Alamy Stock Photo: MMphotos (fondo). 126-127 Alamy Stock Photo: MMphotos (fondo). 127 Dorling Kindersley: Kaley McKean (d). 128 Dorling Kindersley: Kaley McKean. Shutterstock.com: Ryan M. Bolton (bd). 129 Dorling Kindersley: Kaley McKean (bd). 130 Dreamstime.com: Kaspri (bd); Vladimir Yudin (bd/sello). 131 Alamy Stock Photo: Ivy Close Images (sc); MMphotos (fondos x2); PjrStudio (cdb/bc). 132-133 Alamy Stock Photo: MMphotos (b/fondos x3). Dorling Kindersley: Kaley McKean. Dreamstime.com: Roywylam (s/textura de papel). 132 Alamy Stock Photo: The Natural History Museum (cb). © The Trustees of the British Museum. Todos los derechos reservados: (bd). 133 Alamy Stock Photo: PMN / Piemags (bc); Zev Radovan (bd). Dreamstime.com: Raduang (cb). 134 Dorling Kindersley: Kaley McKean. Dreamstime.com: Andreykuzmin (bd, cd). 135 Alamy Stock Photo: MMphotos (fondos x2). Depositphotos Inc: Chronicserotonin (cia). Dorling Kindersley: University Museum of Archaeology and Anthropology, Cambridge / Dave King (cb). Getty Images / iStock: DigitalVision Vectors / Nastasic (cda). Getty Images: Mint Images (cib). Harvard Yenching Library: Li Si, 280? -208 BC, Chinese [calígrafo] (bi). 136 Alamy Stock Photo: MMphotos (bi/fondo, sd/textura de postal). Dreamstime.com: Kaspri (cdb); Vladimir Yudin (cdb/sello). Getty Images: Kitti Boonnitrod (sd). 137 Alamy Stock Photo: David Cole (bi); Dimitris K. (bi/fondo). Dorling Kindersley: Cairo Museum / Alistair Duncan (si). Dreamstime.com: Bolotov (cd/fondo); Vladimir Yudin (cd/sello). 138-139 Alamy Stock Photo: MMphotos (fondo). 142 Alamy Stock Photo: MMphotos (cib/fondo). Dorling Kindersley: Kaley McKean (cia). Dreamstime.com: Chris Hill / Ca2hill (sc, ci/x2). Getty Images / iStock: Ari Sääski (cib). 144 Alamy Stock Photo: CPA Media Pte Ltd (cdb); MMphotos (fondos x3); World History Archive (c); Julian Money-Kyrle (sd); Oleksiy Maksymenko Photography (bi). Dreamstime.com: Daboost (bc). 146 Alamy Stock Photo: Brian Jannsen (sd). Dorling Kindersley: Kaley McKean (bi). Dreamstime.com: Kaspri (bd/textura de papel); Rangizzz (sd/textura de papel). Getty Images: Universal Images Group / Christophel Fine Art (bd). 147 123RF.com: Sabphoto (papel fondo). 148-149 Dreamstime.com: Bbgreg (textura de papel). 149 Alamy Stock Photo: Chronicle (cda). Dreamstime.com: Geografika (cd). 150-151 Alamy Stock Photo: MMphotos (fondo). 150 Alamy Stock Photo: Pictorial Press Ltd (bd). Dreamstime.com: Yuri Bershadsky (bi/cristales de vidrio); Macrowildlife (bi/oro); Valentina Razumova (bi). 151 Getty Images: Bettmann (bi). 152 Alamy Stock Photo: Digital Image Library (bd); MMphotos (sd/fondo); Heritage Image Partnership Ltd / © Fine Art Images (sd); GL Archive (bi); IanDagnall Computing (bi/Lenin); Dennis Hallinan (bd/reina María Antonieta). Dorling Kindersley: Kaley McKean (cia). Dreamstime.com: Photka (bd/periódico fondo); Prapass Wannapinij (bi/fondo); Korn Vitthayanukarun (bd/textura de vidrio roto). Getty Images / iStock: spxChrome (bd/medallón). 153 Getty Images / iStock: E+ / Belterz (sd). 154-155 Alamy Stock Photo: MMphotos (fondo). 155 Alamy Stock Photo: Science History Images / Photo Researchers (bd)

Imágenes de la cubierta: Cubierta frontal: 123RF.com: Duncan Noakes cb; Dreamstime.com: Mhprice / Michael Price cb/(ballena), Wesleyc1701 / Michal Janoek ecdb; Fotolia: Auris cdb; Cubierta trasera: 123RF.com: max776 (mapa); Alamy Stock Photo: CBW bi, MMphotos (postal x3); Dreamstime.com: Bbgreg (papel fondo x2), Bolotov (fondo x2), Feathercollector si, Chris Hill / Ca2hill ca, cda; Getty Images: Kitti Boonnitrod sd

El resto de las imágenes © Dorling Kindersley Limited